ISSO VOCÊ NÃO APRENDE EM HARVARD

ISSO VOCÊ NÃO APRENDE EM HARVARD

Os ensinamentos de um dos maiores
empresários de todos os tempos

MARK H. McCORMACK

Tradução de Alexandre Raposo

Copyright © 2023 by Mark H. McCormack
Todos os direitos mundiais reservados ao proprietário da obra.

TÍTULO ORIGINAL
What They Don't Teach You at Harvard Business School

COPIDESQUE
Iuri Pavan

REVISÃO
Clarice Goulart
Luiza Leite Ferreira

DIAGRAMAÇÃO
Ilustrarte Design

DESIGN E ILUSTRAÇÃO DE CAPA
Micheline Mannion

CIP-BRASIL. CATALOGAÇÃO NA PUBLICAÇÃO
SINDICATO NACIONAL DOS EDITORES DE LIVROS, RJ

M144i

    McCormack, Mark H., 1930-2003
        Isso você não aprende em Harvard : os ensinamentos de um dos maiores empresários de todos os tempos / Mark H. McCormack ; [tradução Alexandre Raposo]. - 1. ed. - Rio de Janeiro : Intrínseca, 2023.
        224 p. ; 21 cm.

        Tradução de: What they don't teach you at Harvard Business School
        ISBN 9786555606997

        1. Administração. 2. Capacidade executiva. 3. Sucesso nos negócios.
I. Raposo, Alexandre. II. Título.

23-82803
                              CDD: 650.1
                              CDU: 005.336.4

Meri Gleice Rodrigues de Souza - Bibliotecária - CRB-7/6439

[2023]
Todos os direitos desta edição reservados à
EDITORA INTRÍNSECA LTDA.
Rua Marquês de São Vicente, 99, 6º andar
22451-041 — Gávea
Rio de Janeiro — RJ
Tel./Fax: (21) 3206-7400
www.intrinseca.com.br

PARA MINHA MÃE, Grace Wolfe McCormack, que, sempre com um brilho nos olhos, incutiu em mim a noção de que valia a pena se preocupar com dinheiro.

PARA MEU PAI, Ned Hume McCormack, que, mais do que qualquer outra pessoa que eu tenha conhecido, me mostrou a importância de ser muito sensível aos sentimentos alheios, independentemente do quão difíceis sejam as circunstâncias.

SUMÁRIO

Prefácio
O que não se aprende na Harvard Business School   9

Parte um: Gente
1. Decifrando pessoas   15
2. Formando impressões   33
3. Levando vantagem   55
4. Progredindo   64

Parte dois: Vendas e negociação
5. Os problemas da venda   83
6. Timing   88
7. Silêncio   99
8. Comerciabilidade   103
9. Estratagemas   117
10. Negociação   127

Parte três: Administrando uma empresa
11. Montando um negócio   141
12. Permanecendo em funcionamento   152
13. Resolvendo as coisas   181
14. Somente para empreendedores   208

Epílogo
O Jogo Interior dos Negócios   219

Agradecimentos   222

Prefácio

O QUE NÃO SE APRENDE NA HARVARD BUSINESS SCHOOL

Quando eu estudava na Yale Law School, disseram-me que uma formação em Direito, em termos de educação corporativa, era tão valiosa quanto um MBA. Anos depois, tendo lecionado em Harvard e em diversas outras faculdades de Administração, convenci-me de que isso era verdade, embora ambos os cursos tenham claras limitações quando aplicados ao mundo real. Como introdução ao mundo dos negócios, um MBA — ou um bacharelado em Direito — é um esforço válido. Mas, enquanto formação e parte de um processo contínuo de aprendizagem, é, na melhor das hipóteses, uma base e, na pior, um tipo ingênuo de arrogância.

O melhor aprendizado que alguém pode tirar da faculdade de Administração é perceber o que ela não é capaz de ensinar: todos os meandros da vida corporativa cotidiana. Estes devem ser apreendidos principalmente por um processo autodidata, embora conhecer a experiência de alguém como eu possa tornar o aprendizado mais curto, mais fácil e muito menos doloroso.

No início dos anos 1960, com menos de 500 dólares de capital, fundei uma empresa que depois deu origem a toda uma indústria — a de gestão e marketing esportivos. Com o tempo, essa empresa se transformou no International Management Group (IMG), com escritórios em todo o mundo e receitas anuais de centenas de milhões de dólares. No entanto, costumo ser mais conhecido como "o cara que faturou todos aqueles milhões para o Arnold Palmer" do que como Mark H. McCormack. Na verdade, Palmer conseguiu "todos aqueles milhões" por conta própria, embora eu acredite que ele reconheceria a minha ajuda.

Ainda que a gestão das carreiras de celebridades esportivas sempre tenha sido muito importante para nós — com Jean-Claude Killy,

Jackie Stewart, Bjorn Borg, Herschel Walker, Martina Navratilova, Chris Evert Lloyd e dezenas de outros de uma lista de mais de quinhentos clientes —, esse é apenas um aspecto do trabalho que eu mesmo faço e que nós fazemos como empresa.

Nossa divisão de TV produz centenas de horas de programação original em todo o mundo e vende milhares de horas para clientes como o torneio de tênis Wimbledon, a National Football League (NFL), as associações de tênis e golfe dos EUA, a World Ski Federation, a National Collegiate Athletic Association (NCAA) e o Royal and Ancient Golf Club. Já nossa divisão de consultoria de marketing tem contratos ao redor do planeta com mais de cinquenta empresas de prestígio. Fazemos o planejamento e a gestão financeira individual de centenas de executivos de alto nível. Temos três agências de modelos e representamos, tanto hoje quanto no passado, organizações tão diversas quanto a Fundação Nobel, o Vaticano e a Igreja Católica inglesa. Também fomos consultores de TV dos comitês organizadores dos Jogos Olímpicos de Inverno de 1988, em Calgary, no Canadá, e dos Jogos Olímpicos de Verão de 1988, em Seul, na Coreia do Sul.

Em mais de vinte anos, creio que encontrei todo tipo de situação empresarial e de personalidade corporativa que se possa imaginar. Tive que decifrar os egos complexos de atletas renomados e de seus cônjuges, pais, amantes, vizinhos e seguidores. Lidei com chefes de Estado e líderes de empresas, com banqueiros internacionais e conselheiros de cidades pequenas, com federações esportivas burocráticas e criadores de impérios autocráticos. Tive contato com todas as fases e facetas das indústrias de entretenimento, comunicação e lazer. Além disso, ocasionalmente, fiz negócios com quase todas as nacionalidades da face da Terra.

O que não experimentei pessoalmente eu observei. Devido às nossas associações com grandes empresas em todo o mundo, estive em inúmeras suítes executivas e salas de diretoria onde testemunhei muitas empresas em funcionamento — e percebi por que muitas são incapazes de agir. Já presenciei todos os estilos, culturas, teorias e filosofias corporativos possíveis sendo colocados em prática e vi por que muitos não funcionam. A partir das minhas experiências e observações, tirei as lições deste livro, em que trato de como vender, negociar, abrir e

PREFÁCIO | 11

administrar um negócio, gerenciar pessoas e personalidades, seguir em frente e fazer as coisas.

Contudo, essa categorização é, de certa forma, enganosa, porque o real assunto deste livro é "experiência de vida": a capacidade de fazer bom uso ativamente de seus instintos, discernimentos e percepções. De usá-los para chegar aonde você quer chegar, de preferência pelo caminho mais curto, mesmo que seja preciso pular algumas cercas ou atravessar alguns becos escuros.

Será mesmo possível aprender a aplicar os seus instintos aos negócios? Talvez não totalmente, mas você pode aprender quais são os resultados de pensar com base na sua experiência de vida. Muito do que digo e faço nos negócios, desde um comentário modesto até uma provocação intencional, é projetado para me dar uma ligeira vantagem psicológica sobre os demais ou para me ajudar a tirar o máximo proveito de outras pessoas. Esta é a verdadeira experiência de vida: uma percepção das pessoas aplicada na prática.

Quer se trate de fechar um acordo ou pedir um aumento, motivar uma equipe de cinco mil vendedores ou negociar pessoalmente com alguém, comprar uma nova empresa ou mudar uma antiga, as situações de negócios quase sempre envolvem pessoas. Os executivos que têm uma percepção aguçada das pessoas e uma consciência de como aplicá-la são os que conseguem ser bem-sucedidos.

Para ser justo com a Harvard Business School, o que eles não ensinam é aquilo que não podem ensinar: como decifrar as pessoas e usar esse conhecimento para conseguir o que você deseja. Por outro lado, é justamente isto que este livro pode lhe ensinar: como entender as pessoas, como influenciar o modo como elas o entendem e como aplicar ou personalizar essas duas coisas a qualquer provável situação comercial.

As situações de negócios, é claro, são passageiras. Mas, sempre que possível — sempre que um ato definitivo e consciente gerar uma resposta subconsciente consistente —, eu também fiz a leitura para você. Baseado em minhas próprias experiências e observações, recomendei diversas técnicas que podem ser aplicadas diretamente com resultados tangíveis imediatos.

Muitos desses conselhos não são convencionais, não porque quero ser diferente, mas porque acredito que depender da sabedoria convencional — de ideias antigas e métodos antiquados — é o maior problema das empresas americanas atuais. Para administrar uma empresa, é preciso romper sistemas e desafiar constantemente as reações programadas, é preciso nadar contra a corrente. As pessoas querem trabalhar, mas são sufocadas pelas políticas, e seria impossível escrever um livro que contenha respostas sem abordar esse problema e seus muitos disfarces.

O empreendedorismo exige inovação. Há uma necessidade constante de apalpar as bordas, testar limites, mas, por necessidade, as faculdades de Administração estão condenadas a ensinar o passado. Isso não apenas perpetua o pensamento convencional, como sufoca a inovação. Certa vez, ouvi alguém dizer que, se Thomas Edison tivesse frequentado uma faculdade de Administração, todos estaríamos lendo à luz de velas maiores.

Meu principal objetivo ao escrever este livro foi preencher muitas das lacunas entre a formação em uma faculdade de Administração e o conhecimento de vida que resulta da experiência diária de administrar um negócio e gerenciar pessoas.

Ao longo dos anos, contratamos diversas pessoas com MBA em Harvard ou em outras universidades. Aliás, em meus tempos áureos, esta era uma de minhas reações programadas: em caso de problema, contrate um MBA. À medida que crescemos e atingimos áreas nas quais tínhamos menos confiança ou conhecimento, raciocinei que, graças às suas formações, essas pessoas eram as melhores para administrar tais áreas para nós.

O que descobri foi que um MBA às vezes pode bloquear o domínio da prática. Muitos dos primeiros MBAs que contratamos eram ingênuos por natureza ou vítimas de seu treinamento empresarial. Isso resultava em uma espécie de dificuldade de navegar o mundo real — eles não conseguiam ler direito as pessoas ou avaliar situações, além de terem um estranho talento para ter percepções equivocadas.

Para ser justo com alguns de nossos funcionários, temos uma série de MBAs que se ajustaram muito bem ao mundo real. Mas supor, como já fiz outra vez, que diploma de pós-graduação ou QI alto são equivalentes a "inteligência empresarial" tem frequentemente se revelado um custoso erro de julgamento.

Há alguns anos, a Harvard Business School fez um estudo de caso em nossa empresa para um curso intitulado Gerenciamento de Novas Empresas. Quando palestrei nesse curso e, mais tarde, em Stanford, Duke e outras faculdades de Administração do país, comecei a ter uma ideia da natureza do problema. Mesmo ao formular perguntas, os alunos tinham dificuldade para encontrar o nicho acadêmico no qual pudessem encaixar todas as situações empresariais possíveis. Era como se eles esperassem que, ao girar uma manivela, revelariam a solução certa. Obviamente, nem as pessoas, nem os problemas se encaixam em moldes, e a própria tentativa de moldá-los distorce as percepções.

Há uma velha história de dois amigos que se reencontram na rua após 25 anos. Um deles, que se formara com as notas mais altas da turma, trabalhava então como subgerente de uma agência de banco local. O outro, que nunca impressionara ninguém com seu intelecto, tinha a sua própria empresa e se tornou multimilionário. Quando seu amigo bancário lhe perguntou o segredo do sucesso, ele respondeu que era muito simples: "Eu tenho um produto que compro por 2 dólares e vendo por 5. É incrível quanto dinheiro você pode ganhar com um lucro de 60%."

Não tenho um preconceito inato contra o intelecto, contra a inteligência ou, nesse caso, contra a pós-graduação, mas tais coisas não substituem o bom senso, as habilidades interpessoais ou a experiência de vida. Suspeito que a Harvard Business School concorde com isso. Não há nada que me agradaria mais do que ver este livro se tornar leitura obrigatória lá.

Parte um
GENTE

1

DECIFRANDO PESSOAS

Contarei duas histórias. Uma envolve alguém que se tornou presidente; a outra, um golfista bon-vivant. E embora esses eventos tenham ocorrido com quase uma década de intervalo, para mim, eles estão conectados.

Em 1963, eu estava em Paris para a Copa do Mundo de Golfe, onde tive dois encontros casuais com Richard Nixon: um no clube de golfe, quando ele veio até a minha mesa para falar com Gary Player; outro, poucos dias depois, no restaurante Tour d'Argent, quando ele parou para conversar com Arnold Palmer e Jack Nicklaus, com quem eu estava jantando.

Os comentários de Nixon foram razoavelmente agradáveis. O que ficou em minha memória foi que, nas duas ocasiões, ele usou as mesmas palavras, exatamente as mesmas cinco ou seis frases. Era como se estivesse conversando com bonecos em vez de pessoas, como se tivesse um repertório de falas para cada tipo de gente que ele viesse a encontrar — cinco ou seis frases para uma personalidade esportiva, um parágrafo para um empresário, outro para uma figura religiosa.

O outro incidente envolveu o espalhafatoso golfista Doug Sanders. Quando começamos a representá-lo juridicamente, muita gente me disse que havíamos cometido um erro. De fato, Doug era um pouco baderneiro: ele se dava com gente da pesada, se metera em algumas confusões e era conhecido por, de vez em quando, não ser muito honesto. Algumas pessoas o achavam polêmico demais para nós e perguntavam por que eu confiava nele. Na verdade, eu confiava muito mais em Doug Sanders do que em algumas das pessoas que me questionaram. O que me leva à minha história.

Certa vez, Doug participou de uma mostra de golfe no Canadá, para a qual fez todos os preparativos por conta própria. Eu não sabia de nada daquilo e, como parece que ele fora pago em espécie, dificil-

16 | ISSO VOCÊ NÃO APRENDE EM HARVARD

mente viria a saber. Contudo, cerca de uma semana após a mostra, recebemos um envelope de Doug. Não havia carta ou bilhete dentro, apenas a nossa comissão — em dinheiro.

Eu me recordo desses dois acontecimentos agora porque eles são uma lição importante sobre decifrar pessoas: o que elas dizem e fazem nas situações mais inocentes pode dizer muito sobre o seu verdadeiro eu. Meus encontros acidentais com Nixon, por exemplo, revelaram uma certa falsidade da qual me lembrei dez anos depois, quando ele foi forçado a renunciar à presidência. Os problemas de Nixon provavelmente se deviam à sua dissimulação tanto quanto o escândalo Watergate. As pessoas não gostam de gente falsa, não confiam nelas e com certeza não querem alguém assim governando o país.

No caso de Doug Sanders, nosso honorário por aquela mostra era tão irrisório que poderia ter passado em branco. Mas até hoje consigo imaginar Doug voltando para o seu quarto de hotel, tirando um maço de dinheiro do bolso, contando a nossa comissão, guardando-a em um envelope e escrevendo o nosso endereço. Isso era tão a cara de Doug Sanders que ele não poderia ter imaginado tomar nenhuma outra atitude.

Era de se esperar que um futuro presidente dos EUA demonstrasse caráter e que um jogador de golfe malandro se revelasse um vigarista. Mas os fatos desmentem essas conclusões.

O que isso tem a ver com negócios? Tudo.

No mundo corporativo, é fácil adotar uma *persona*, ou várias, dependendo da situação. Algumas pessoas agem de uma maneira com os seus subordinados, de outra com o chefe e de outra totalmente diferente com pessoas de fora da empresa.

Mas o eu verdadeiro — o jeito autêntico de alguém — não muda de acordo com o ambiente. Em qualquer situação de negócios, mais cedo ou mais tarde, implícita ou explicitamente, você descobrirá que está lidando com o eu verdadeiro daquela pessoa.

No mínimo, é bom ouvir o que as pessoas estão realmente dizendo por aí, que é diferente do que você ouviu dizer; é preciso encaixar as ações de alguém, suas atividades comerciais, no contexto maior de seu caráter. Esteja vendendo ou comprando, esteja contratando ou (na qualidade de consultor) sendo contratado, esteja negociando um contrato ou respondendo às demandas da outra pessoa, eu quero saber o que se passa pela cabeça dela. Quero conhecer o seu eu verdadeiro. Situações de negócios sempre se resumem a situações interpessoais. E quanto mais — e o quanto antes — eu souber a respeito da pessoa com quem estou lidando, mais eficiente serei.

NÃO ACEITE NOÇÕES COMO RESPOSTAS

As pessoas costumam julgar os outros antes mesmo de conhecê-los, com base no que ouviram dizer ou no que sabem sobre a sua empresa. Elas chegam a desconfiar das próprias percepções, ignorando-as a fim de encaixá-las em pré-julgamentos.

Na IMG, com frequência precisamos enfrentar noções preconcebidas a respeito da empresa. Nosso trabalho é bastante visível, e diversos perfis em revistas e programas de TV sobre a IMG ou sobre mim enfatizam a nossa posição de poder no ramo esportivo e nos pintam como negociadores irredutíveis e até mesmo cruéis.

Nove entre cada dez vezes, isso funciona a nosso favor. As pessoas *esperam* que citemos grandes cifras, e a sua ansiedade geralmente nos ajuda a conquistá-las. Então, quando elas descobrem que, na verdade, somos pessoas até fáceis de lidar, ficam surpresas. Mas há também aquele décimo sujeito que tem ideias preconcebidas tão enraizadas que não compreende a situação comercial em si nem as pessoas da nossa equipe com quem está lidando. Ele está tão preparado para ser durão ou para se defender de nossa dureza que considera um "prazer em conhecê-lo" uma ameaça velada. Obviamente, suas noções preconcebidas impossibilitaram qualquer percepção reveladora de fato.

Para decifrar pessoas, é preciso aguçar os sentidos para o que realmente está acontecendo e converter essa percepção em evidência tangível que possa ser usada em seu benefício.

Dave DeBusschere, ex-astro do basquete, foi vice-presidente de nossa empresa de televisão por vários anos antes de assumir o cargo de diretor-geral do New York Knicks. Certa vez, Dave teve diversas reuniões frustrantes com um executivo de uma empresa de seguros em Connecticut, a quem estava sendo proposto o patrocínio de um de nossos programas de TV. O executivo parecia verdadeiramente interessado no conceito, mas estava tão impressionado por estar lidando com Dave DeBusschere que não conseguia superar nem esse fato, nem as próprias suspeitas. Se aquela era uma oportunidade tão boa, ele pensava, por que então o cara que estava tentando vendê-la para ele não era um "sujeito normal"?

USE A SUA PERCEPÇÃO

Um dia, eu e Dave Marr, ex-campeão de golfe do torneio PGA, estávamos caçoando de alguns grandes trapaceiros do esporte que conhecíamos quando Dave criou o Primeiro Axioma das Apostas no Golfe: "Nunca aposte com alguém que você conheceu no primeiro *tee* e seja muito bronzeado, tenha um taco de ferro nº 1 na bolsa e olhos semicerrados."

Impressões perspicazes sobre as pessoas podem ser formadas simplesmente por observação. Na maioria das situações de negócios, muitas vezes, há mais para ver do que parece: há toda uma dinâmica interpessoal acontecendo em segundo plano. Grande parte dessas situações fornece todo tipo de prova concreta para enxergarmos o que está além da superfície. Às vezes, são coisas que as pessoas dizem e fazem inconscientemente, como desviar o olhar ao ouvir uma pergunta específica. Mas também podem ser atitudes que não são simples nem inconscientes, por exemplo, a maneira como alguém expressa um determinado pensamento. A questão é que as pistas para a nossa percepção são abundantes e existem para serem usadas por qualquer um que esteja sintonizado com elas.

É surpreendente a quantidade de executivos que não estão. Eles não têm a menor consciência do que de fato se passa ao seu redor. Ou estão muito ocupados dando ouvidos a si mesmos para escutarem outra pessoa, ou muito envolvidos na própria presença corporativa para perceberem o que outra pessoa pode estar fazendo.

Não consigo imaginar um empresário competente que não tenha algum tato com pessoas. O próprio empreendedorismo consiste em levar sutilmente uma pequena vantagem aqui, outra vantagem imperceptível acolá. Todo aspecto desse processo remete às pessoas: como gerenciá-las, vender para elas, trabalhar com elas ou simplesmente levá-las a fazer o que você deseja. Sem esse tato, não há sutileza. A percepção permite ver além do presente. Imagine dispor de um modo de saber tudo o que acontecerá nos negócios nos próximos dez anos. Isso o tornaria não apenas sábio, mas também rico e bem-sucedido, certo? No entanto, é a sua leitura das pessoas que lhe possibilita prever o futuro.

A autenticidade de um indivíduo, seu eu verdadeiro, não muda de acordo com as ocasiões. Ela é consistente por completo. Quanto mais você conhecê-la, mais conseguirá enxergar além das máscaras, mais conseguirá prever acertadamente como ela reagirá ou responderá em quase toda situação comercial. Esse conhecimento não tem preço.

O processo, é claro, é o mesmo *modus operandi* dos "profissionais": os médiuns e cartomantes, que há séculos têm usado os mesmos truques para preverem o futuro. Os médiuns avaliarão os seus clientes observando seu modo de agir, sua aparência, suas roupas e fazendo algumas perguntas inocentes. Com essas informações, eles podem "ver o futuro", o que não é nada mais que dizer ao cliente o que ele quer ouvir com base naquilo que já foi descoberto. Os bons podem fazer leituras surpreendentes com base em pouquíssimas informações. Alguns médiuns provavelmente dariam excelentes executivos. Mas também conheço muitos executivos que seriam médiuns péssimos.

A percepção exige que você abra os sentidos, falando menos e ouvindo mais. Eu acredito que é possível aprender quase tudo que você precisa saber — e mais do que as outras pessoas gostariam que você soubesse — apenas observando e ouvindo, mantendo os olhos abertos e os ouvidos atentos. E a boca fechada.

OUÇA ATIVAMENTE

A habilidade de escuta, de realmente ouvir o que a outra pessoa diz, tem efeitos comerciais muito maiores do que apenas desenvolver percepções sobre ela. Em vendas, por exemplo, talvez não haja maior trunfo que esse. Mas o importante é que quase toda situação corporativa será tratada de maneira diferente — e terá resultados diferentes — por alguém que esteja ouvindo e por alguém que não esteja.

Quando eu estava me preparando para escrever este livro, perguntei a alguns de meus amigos empresários, vários deles presidentes de empresas, quais conselhos dariam caso estivessem escrevendo em meu lugar. Quase sem exceção, o primeiro que disseram foi: "Aprenda a ser um bom ouvinte."

Um amigo, chefe de uma empresa de vendas bem conhecida, descreveu essa lição como "Monitore a sua proporção escuta/fala". Outro, um executivo da PepsiCo, me contou a história de um dos maiores golpes corporativos da Pepsi e de como ele teria economizado muito tempo para si e para a empresa se tivesse sido um ouvinte melhor.

Segundo ele, a Pepsi vinha tentando entrar no portfólio do Burger King havia muito, e, como acreditavam que a rede não tinha planos de abandonar a parceria com a Coca-Cola, o foco de sua apresentação sempre foi o de dar uma escolha ao consumidor. A filosofia do Burger King de fato valorizava a escolha ("Faça do seu jeito"), mas, como disseram à Pepsi diversas vezes, a decisão coadunava a filosofia geral do controle de qualidade de um menu limitado, *incluindo um refrigerante*.

Certo dia, a Pepsi finalmente entendeu a dica e mudou de tom, salientando que ela e o Burger King eram almas gêmeas comerciais — os segundos colocados buscando desbancar os líderes. Uma vez que ambas as empresas compartilhavam estratégias de "superioridade do produto" (o Desafio Pepsi; Grelhar é Melhor do que Fritar), será que não faria sentido abrir mão da Coca-Cola e ficar com a Pepsi?

"Sabe", disse alguém do Burger King, "estamos tentando dizer isso há meses. Fico feliz que alguém finalmente tenha ouvido."

OBSERVE ATIVAMENTE

Costumo pegar voos longos para encontrar uma pessoa, mesmo quando posso resolver tudo por telefone. Se é importante ou se é uma relação que pode se tornar de longo prazo, busco formar minhas opiniões a respeito dela com base naquilo que observo mais do que naquilo que ouço. Afinal, muitas vezes a impressão que temos ao conhecer alguém pessoalmente é bem diferente daquela formada ao falar com ela por telefone. A observação é um ato agressivo. As pessoas estão o tempo todo se revelando, e isso passará despercebido a menos que você esteja concentrado em notá-las.

As declarações que as pessoas fazem sobre si mesmas e os sinais que emitem são conscientes e inconscientes. A "linguagem corporal", nome pelo qual esses sinais são conhecidos, certamente é importante, mas não é nem metade da história. A maioria das informações visuais é bastante consciente e intencional — o modo com que a pessoa se veste, se porta e se apresenta de maneira a provocar uma impressão específica. Mas esses sinais não têm tanta utilidade assim.

Observar ativamente significa entender o todo: pesar esses sinais conscientes e inconscientes e convertê-los em percepções aplicáveis. Quando me encontro pessoalmente com alguém, o que tento estabelecer, mais do que qualquer outra coisa, é uma zona de conforto ou os limites que preciso respeitar, com base no que vejo e ouço. Isso me ajudará a lidar melhor com o outro.

Mas observação agressiva não é o mesmo que observação apressada — tirar conclusões precipitadas, dar muita atenção a interpretações tradicionais ou ver significado em coisas que não têm significado algum. Por exemplo, quando estou no escritório de alguém, percebo muitas vezes que as pessoas meio que "se inclinam para a frente" quando querem falar sério, até mesmo empurrando, sem perceber, tudo que está sobre a mesa alguns centímetros para a frente. Contudo, quase com a mesma frequência, vi pessoas, com a mesma intenção de falar sério, se recostarem na poltrona e fingirem uma postura relaxada.

Daí que generalizar a respeito de ambas as posturas ou tirar alguma conclusão precipitada seria tão tolo quanto enganoso. Quase toda percepção útil deve ser considerada dentro do contexto mais amplo da situação e de tudo o mais que você esteja vendo e ouvindo.

A sabedoria popular diz que, se uma pessoa se afunda na poltrona, ela não está muito "no comando". Supostamente, o contrário também se aplicaria. Mas quantos de nós, uma vez ou outra, não lidamos com o "interlocutor efusivo", o cara que se senta ereto na ponta da cadeira, se inclina um pouco para a frente, atento a todas as nossas palavras, para depois não fazer nada? Geralmente, são daquela turma antiga do "que bom que você me perguntou isso", ou pessoas ansiosas demais, jovens apressadinhos que já decidiram que o que os levará ao topo não é o que eles dizem e fazem, e sim como se portam ao longo do caminho. Pessoas com postura ereta demais, atentas demais, me dão nos nervos.

A postura também é interessante por outro motivo. Uma das observações mais úteis que podemos fazer a respeito das pessoas é a importância que elas dão à forma em relação ao conteúdo. Há um mundo de diferença entre pose e postura. Fico incomodado quando as pessoas fazem pose, quando a sua informalidade é ensaiada demais ou quando é nítido que estão flexionando os músculos ou encolhendo a barriga. Os escritórios delas ou a sua decoração, muitas vezes, têm essa mesma aparência forçada: uma sala que é muito cheia de diplomas e lembranças ou que foi claramente montada para passar determinada impressão costuma ser reveladora. É preciso ter cuidado ao lidar com pessoas assim. É bem provável que elas estejam mais interessadas na autoimagem do que no desempenho, em aparências em vez de realizações verdadeiras.

É claro que o instrumento de observação mais produtivo e consistente são os olhos. Eles revelam mais sobre os reais pensamentos de alguém do que qualquer outra percepção, mesmo quando todos os sinais apontam para outro lugar. Tenha em mente que, em situações de negócios, as pessoas se comunicam com os olhos quando não podem usar palavras. Na próxima vez que estiver em uma reunião com mais de uma pessoa de fora da sua empresa, observe o contato visual entre elas. Isso vai ajudá-lo a decifrar o que elas estão de fato pensando e a identificar a mais influente dentre elas, além de informá-lo se você estiver matando a todos de tédio.

ENTÃO, O EGO

O ego faz a diferença: entre a teoria e a prática, entre os desejos e a vida real, entre a maneira como as coisas funcionam e a maneira como você gostaria que funcionassem, entre aquilo que a Harvard Business School pode e não pode ensinar. Em uma empresa de 2.500 pessoas, há 2.500 egos, cada um com a sua própria visão da realidade. O ego é o motivo pelo qual coisas que deveriam acontecer não acontecem, é o motivo pelo qual coisas que não deveriam acontecer acontecem e é por causa dele que ambos os cenários se prolongam mais do que o necessário.

O ego, mesmo o de uma pessoa prepotente, pode ser o seu maior aliado. Muitos acordos comerciais são feitos simplesmente porque o ego de alguém depende tanto daquilo que a pessoa não consegue aceitar não realizar. Se você puder decifrar o ego, entender o seu impacto nos acontecimentos corporativos e então controlá-lo — seja o massageando, o cutucando ou minimizando seus danos —, você poderá se beneficiar de muitos desses negócios.

O tamanho do ego é, de longe, a coisa mais fácil de descobrir a respeito de uma pessoa. A maioria dos empresários bem-sucedidos tem um ego gigantesco, com braços e pernas. (Curiosamente, a maioria das empresárias, generalizando, são um tanto mais difíceis de entender. Mesmo hoje, a autoimagem de uma mulher — o modo como ela se define — está menos atrelada ao seu trabalho do que a de seus colegas do sexo masculino.)

Mas um ego gigantesco não significa um ego forte. Na verdade, costuma significar o oposto: a necessidade que alguém sente de ser assertivo para compensar a baixa autoimagem. E um ego pequeno nem sempre equivale a fraqueza. Muitas das pessoas mais eficientes que conheço nos negócios são muito discretas.

Eu prefiro lidar com egos fortes — e creio que a maioria das pessoas no mundo corporativo também prefira. Os donos desses egos geralmente são executivos dispostos a correr riscos razoáveis, decididos e que executam as coisas com maior rapidez. Egos fracos são mais difíceis de decifrar, o que dificulta a tomada de ação. Eles também operam com expectativas mais baixas de si mesmos, o que significa que lidar com eles gastará mais tempo e entregará menos.

Assim que tiver identificado a força do ego de uma pessoa, você passará a uma série de perguntas pragmáticas: o quanto as suas respostas são diretas e sinceras? Quão rápido ela tomará uma decisão? Depois de tomada, será que se questionará? Ela é consistente? Ela é franca ou prefere operar por baixo dos panos? Ela lida com os fatos como eles são ou como gostaria que fossem? Mais importante de tudo: o quanto essa pessoa é segura?

O "quociente de segurança" de alguém tem relação direta com o seu comportamento em situações de negócios. Ela será teimosa ou sensata? Para ela, a forma será mais importante do que o conteúdo? Quais excessos e vaidades provavelmente entrarão em jogo? É possível que ela diga uma coisa e faça outra? Ela prefere agir pela frente... ou pelas costas? Em vez de desafiar ou confrontar o ego de outra

24 | ISSO VOCÊ NÃO APRENDE EM HARVARD

pessoa, é muito mais prático reconhecer e entender o impacto deste nos negócios e usar essa informação a seu favor.

Uma última questão precisa ser considerada: o seu próprio ego. Nada atrapalha mais a percepção que você tem de outras pessoas do que ele. Esteja ciente de seus pontos fortes e suas fraquezas e de como ambos tendem a determinar a sua reação aos outros. É difícil julgar com eficiência o que motiva a outra pessoa com base no seu ego, e não no ego dela.

IMPRESSÕES ÚTEIS

Por diversas vezes me vi em ocasiões que acabaram não tendo o desfecho que eu gostaria. Ainda assim, minha impressão positiva a respeito da outra parte envolvida — a forma como ela lidou com a situação — me fez querer trabalhar com ela novamente. Com frequência, isso levou a oportunidades que deram certo e compensaram muito qualquer decepção inicial.

Em 1975, quando, pela primeira vez, tentamos representar Chris Evert, ela decidiu continuar independente. Contudo, no decorrer das nossas várias reuniões, fiquei tão impressionado com sua índole, franqueza e postura que tive certeza de que essa relação tinha tudo para dar certo e decidi que um dia a representaríamos juridicamente. Cinco anos depois, ela se tornou nossa cliente.

Também já saí de outras situações pensando "Nossa, estou feliz que isso tenha acabado". Embora eu nunca tenha decidido sozinho que não voltaria a trabalhar com alguém sob nenhuma circunstância, dependendo da pessoa, tais circunstâncias teriam que ser muito especiais. Quando eu era jovem, ficava muito impressionado com fatores externos — dinheiro, poder e glamour. Contudo, à medida que envelheci e, teoricamente, me tornei mais sábio, passei a dar importância ao caráter e a outras virtudes no mundo empresarial e a ver certa insignificância no brilho exterior, seja por fama, cargo ou aparência.

Pessoas que se impressionam com o que é superficial devem fazer você se perguntar se não seria fácil enganá-las em um acordo comercial.

No mundo corporativo, fique atento àquele conhecido que faz questão de mencionar um "amigo muito íntimo" (geralmente alguém cujo nome é calculado para impressionar) ou insinua ter um forte vínculo com um sócio em particular. Se você conhece a pessoa que está sendo citada como amiga, convém ouvir a versão dela a respeito dessa relação. Se descobrir que ambos se encontraram apenas uma ou duas vezes, comece a desconfiar da veracidade das outras afirmações. Certa vez, chamei a atenção de um funcionário por isso: o "melhor amigo" que ele citava nunca estivera com ele. Esse funcionário, então, me deu uma das melhores respostas que já ouvi: "O que eu quis dizer é que ele é um dos meus melhores amigos por telefone."

Os colegas de trabalho de uma pessoa podem fornecer informações reveladoras sobre ela. Uma secretária competente, por exemplo, pode ajudá-lo a formar uma percepção do chefe que tem. O mesmo se aplica a outros subordinados. Tive uma série de reuniões com um executivo de alto escalão de uma empresa renomada de artigos esportivos. Ele tinha a reputação de ser muito eficiente, mas parecia totalmente intimidado e relutante em se comprometer até mesmo com os detalhes mais inofensivos. Quando fui conhecer o chefe dele, o presidente da empresa, estava preparado para o que encontrei: um homem cujo ego exigia que ele tomasse todas as decisões.

Em uma empresa, as pessoas tendem a assimilar muitas características de seus superiores. Ao conhecê-los, podemos aprender bastante avaliando quão bem os funcionários adotaram os pontos fortes e as qualidades de seu chefe em oposição às fraquezas ou práticas mais questionáveis dele.

Muitos anos atrás, eu estava almoçando na Austrália com o diretor de uma das principais emissoras de televisão do país. Ele era uma pessoa bem conhecida, mas seu chefe, dono de um conglomerado internacional de comunicações, era um dos homens mais poderosos e mais famosos do país.

Eu já almoçara com esse homem em diversas ocasiões e sabia que ele nunca pagava uma conta de restaurante. Ao fim da refeição, ele só se levantava e ia embora. Provavelmente era uma vaidade, embora fosse impressionante: ou ele tinha conta em todos os restaurantes da Austrália, ou seu hábito era tão conhecido que qualquer restaurante que ele frequentava sabia que devia mandar a conta para o seu escritório.

De qualquer forma, no dia do nosso almoço, notei que o diretor da emissora assimilou esse hábito curioso de seu superior. Quando eu estava prestes a pedir a conta, ele avisou que aquilo já estava providenciado. Então, com algum floreio, ele se levantou da mesa e saiu do restaurante. O único problema era que ele não era tão conhecido quanto o chefe, e, para seu constrangimento, o *maître* ansioso pensou que ele estivesse tentando dar um calote e o perseguiu rua afora.

Obviamente, não há regras categóricas para decifrar as pessoas ou formar percepções sobre uma personalidade para além de seus disfarces corporativos. Mas, se existe algum ponto de referência, alguma base para comparação, seja para uma situação ou em relação às pessoas, é: examine. Observe as evidências que podem vir à tona.

TIRE VANTAGEM DO LOCAL

Certa vez, joguei partidas de duplas mistas com o presidente de uma empresa da Fortune 500 e a esposa dele. Durante o jogo, ele a repreendeu e a culpou por cada ponto perdido. Embora ela não fosse uma Martina Navratilova, ele também não era nenhum Bjorn Borg e perdeu, no mínimo, tantos pontos quanto ela. Mas, sendo totalmente incapaz de admitir um erro, ele fez dela seu bode expiatório mais conveniente. Se ele errava um saque e perdia o ponto, o sujeito a culpava por tê-lo distraído ou perguntava por que ela não acertara o saque anterior. Esse comportamento me revelou algo sobre o que esperar ao lidar com ele no mundo dos negócios.

As pessoas costumam revelar seu eu mais íntimo nas situações mais inocentes. A forma com que tratam um garçom ou um comissário de bordo pode ser uma pista do que há sob a superfície. Saber o quanto ficam impacientes em uma situação específica, ou aborrecidas com um pequeno erro, pode ser uma informação inestimável mais tarde.

Recentemente, negociei com o chefe da federação de um dos principais esportes de escala internacional. Em várias ocasiões anteriores eu havia notado tanto seu pavio curto quanto seu comportamento ao perder a cabeça, que consistia em tratar toda a situação como um aborrecimento a ser evitado, esquecido. Eu sabia que, se não cedêssemos com muita facilidade, ele se irritaria a ponto de descartar o ponto central da negociação como se não importasse — e foi exatamente o que ele fez.

Fazer negócios significa sempre manter a guarda levantada — na verdade, essa é a única postura aceitável — enquanto encorajamos os outros a baixarem a deles. Normalmente, quanto mais informais forem a situação ou o local, maior será a probabilidade de as pessoas se desarmarem. Você ficaria surpreso com o quanto se pode aprender com uma situação de "seminegócios" ou de negócios sociais. Por esse motivo, sou um grande entusiasta de reuniões durante o café da manhã, o almoço e o jantar. Se a relação comercial for nova, em geral tenho tanto interesse em observar as pessoas com quem estou negociando quanto me interesso pelo negócio em si.

Um dia, eu estava almoçando em Nova York com alguém que eu só conhecera por telefone. Essas conversas prévias já eram um indício de que provavelmente negociaríamos um com o outro. Quando os cardápios chegaram, ele me disse que estava seguindo uma dieta rigorosa e que tomaria apenas uma xícara de café. Estávamos em um restaurante muito famoso, e achei curioso ele não ter se sentido forçado a pedir algo só por pedir. Porém, quando o garçom chegou e, por educação, perguntei ao meu convidado se ele tinha certeza de que não queria comer alguma coisa, quem sabe só uma salada, ele disse: "É, talvez eu devesse comer." E acrescentou: "Vou pedir o mesmo que você."

Achei isso ainda mais interessante. Se ele era capaz de mudar de ideia fácil assim, o quão firme seria a sua decisão "final" no âmbito corporativo? Com que facilidade ele seria influenciado a ficar do lado de quem está em vantagem? Ou ainda: será que faria concessões com base em conveniência em vez de convicções? É claro que nada disso deve ser entendido literalmente, mas creio ter aprendido uma informação que poderia vir a ser útil ao lidar com ele no futuro.

Ser o peixe fora d'água em algumas situações — ou em qualquer pequena reunião na qual as pessoas são forçadas a interagir e a operar fora de sua zona de conforto — também pode trazer lições. Por esse motivo, sempre misturo vários grupos de amigos, clientes e parceiros corporativos. Acho educativo, por exemplo, ver como alguns de nossos clientes da área dos esportes reagem a pessoas do mundo dos negócios.

Em parte, isso me ajuda a determinar até que ponto devo expor os clientes a consumidores e licenciados antes de um compromisso. Alguns deles — Arnold Palmer, Gary Player, Jackie Stewart, John Newcombe e Jean-Claude Killy vêm imediatamente à cabeça — você pode os "levar a qualquer lugar", já que sua personalidade tem um

ISSO VOCÊ NÃO APRENDE EM HARVARD

papel essencial no esforço de vendas. Outros, porém, se não estão falando de si mesmos ou de alguém em seu ramo, não têm nada a dizer.

OBSERVE PERÍODOS DE TRANSIÇÃO

Situações comerciais formais, reuniões muito estruturadas, de negociação e outros tipos de interação corporativa costumam ser menos reveladoras, porque, nesses momentos, a chance de as pessoas estarem vestindo uma *persona* é maior.

Preste atenção nos períodos de transição, nos começos e nos fins, pois nesses momentos as pessoas costumam baixar a guarda. Em uma reunião de duas horas, os primeiros minutos (antes de vocês entrarem no assunto) e os últimos (quando todos estão se despedindo) podem dizer mais sobre as pessoas com quem você está lidando do que boa parte do que aconteceu nesse intervalo. Infelizmente, no entanto, esses são os momentos em que você provavelmente estará menos atento. Tente aguçar a sua percepção.

Além disso, esteja alerta às pessoas durante interrupções, conversas incomuns e quaisquer interferências no fluxo mais formal de uma situação corporativa. Há uma certa dose de encenação na maioria dos encontros de negócios, e, quando alguém "sai da linha", as máscaras caem um pouco. Perceber quem saiu e como os outros reagiram com palavras e olhares pode ser muito revelador.

Há uma cena em *O Poderoso Chefão* que ilustra isso perfeitamente: Don Corleone acabara de rejeitar, sem mais nem menos, uma oferta do chefe da máfia para se envolver no tráfico de drogas, quando Sonny, seu primogênito de cabeça quente, deixa escapar que os termos propostos são um insulto à família. Isso, é claro, leva à tentativa de exterminar o Poderoso Chefão. Acertadamente, os demais chefões perceberam uma quebra na hierarquia, pois o simples ato de se queixar das condições revelou que Sonny estava mais disposto a considerar a oferta do que o pai.

Embora *O Poderoso Chefão* seja uma obra de ficção, sua psicologia é muito real.

PERCEPÇÃO DE CAMPO DE GOLFE

Sou apaixonado por golfe. Pratiquei esse esporte a maior parte da vida e passei mais tempo do que deveria tentando descobrir por que colocar aquela bolinha branca em um buraquinho me cativa tanto. Parte do motivo, com certeza, é o leque de emoções que uma partida pode proporcionar e a complexa gama de traços de personalidade que ela revela.

Costumo dizer que, durante uma partida, prever a possível reação de alguém em uma situação de negócios é mais fácil do que em centenas de horas de reuniões. Talvez o golfe aborde mais diretamente a psique humana do que outros esportes e situações. Ou talvez seja o local em si — grama verde e colinas. É surpreendente como um jogo tão simples pode revelar tanto.

A tacada gimme

A *gimme* ("me dê", em tradução livre) é uma tacada curta que o adversário concede ao jogador que já venceu tecnicamente a partida. Vale a pena observar os vários comportamentos relacionados a esse pequeno aspecto do golfe casual. Algumas pessoas recusam todas as *gimmes*, insistindo em colocar todas as bolas no buraco e registrando precisamente os resultados. Tradução corporativa: é difícil fazer um favor para gente assim.

Já outros jogadores nem esperam e já acham que a próxima tacada é uma *gimme* — mesmo que a bola esteja a dois metros do buraco. Esses costumam ser os grandes egos, que, se parassem para pensar a respeito (o que nunca fazem), perceberiam ser capazes de colocar a bola no buraco de qualquer maneira. Tradução corporativa: são pessoas que não vão pedir, mas vão contar com um favor seu.

O mais curioso para mim são aquelas que "quase nem tentam" colocar a bola no buraco, movendo displicentemente o taco com a mão. Se ela entrar, tudo bem; caso contrário, eles "nem estavam tentando mesmo" e consideram aquilo uma *gimme*. Nos negócios, essas pessoas são difíceis de definir. Elas são propensas ao autoengano, tendem a exagerar e podem lhe contar uma versão mais polida do que originalmente disseram.

"O que você acertou?"

Joguei golfe diversas vezes com o CEO de uma grande empresa. Sempre que tinha uma rodada ruim, ele dizia a mesma coisa: "Fiz 79 tacadas." É claro que esse número incluía algumas após a concessão da *gimme* (depois de terem beirado o buraco) e alguns lapsos de memória na contagem. O interessante é que ele acreditava mesmo ter feito 79.

Esse tipo de pessoa me deixa nervoso em uma situação de negócios. Elas são capazes de interpretar fatos à sua própria maneira e depois se apegar a eles até que se tornem evangelhos.

"Qual é o seu handicap?"

A maioria das pessoas será razoavelmente honesta ao revelar seu *handicap*.* Mas alguns o inflarão, talvez até o dobrarão. Essas pessoas querem enganá-lo e não desfrutarão da rodada a menos que ganhem o seu dinheiro. Provavelmente, também será assim que elas preferirão fazer negócios.

Outras dirão que seu *handicap* é menor do que realmente é. Essas pessoas estão tentando esconder do mundo o quanto elas são competentes e tendem a ignorar os seus desempenhos abaixo do esperado: "Hoje estou tendo um dia ruim." Quantas vezes você já ouviu *isso* no mundo corporativo?

Regras de inverno

As regras de inverno — que melhoram a posição da bola no centro do campo — são invocadas quando os campos estão em más condições. É meio engraçado o quão extensos esses campos podem se tornar para algumas pessoas, principalmente se houver uma árvore no caminho entre a sua bola e a área do buraco. Não é necessário muita análise psicológica aqui: essas pessoas trapaceiam!

As regras do golfe

As regras locais de um campo — ou como as regras do esporte se aplicam àquele campo específico — estão claramente indicadas no verso da cartela de pontos. O que me choca não são nem as interpretações de alguns golfistas, mas os malabarismos mentais com que chegam a elas. Prefiro lidar com alguém que diz "Está vendo aquele marcador branco fora dos limites acolá? Vamos ignorar" a lidar com alguém que três buracos depois ainda vai estar tentando me explicar sua interpretação.

---

* *Handicap* é um sistema usado para compensar a diferença entre os jogadores amadores no golfe, possibilitando que pessoas de diferentes níveis disputem entre si. [N. da E.]

OBSERVANDO/ALCANÇANDO PESSOAS: MEU PLANO DE SETE PASSOS

Obviamente, não há sete, setenta ou setecentos passos para aprender a decifrar as pessoas só aguçando os sentidos. E a questão é exatamente esta: se fosse algo tão categórico assim, poderia ser ensinado em sala de aula. No entanto, o que posso dizer, sem dúvida, é que aprender a ler as pessoas envolve alguns fundamentos básicos:

Primeiro passo: ouça ativamente

Escute não apenas o que a pessoa está dizendo, mas a forma com que ela está dizendo. As pessoas tendem a revelar muito mais do que pretendem. Faça pausas — um silêncio levemente incômodo fará com que elas falem ainda mais.

Segundo passo: observe ativamente

Ao assistir a um *talk show* ou a uma entrevista, você já disse para si mesmo: "Nossa, ele está nervoso" ou "Ih, a pergunta deixou ele sem graça". Não é preciso ler um livro sobre linguagem corporal para interpretar certos movimentos ou gestos ou perceber a impressão que alguém quer passar pela maneira como se veste.

Terceiro passo: fale menos

Você automaticamente aprenderá mais, ouvirá mais, verá mais — e errará menos. Todo mundo pode falar menos, e quase todo mundo deveria falar menos. Faça perguntas e não comece a respondê-las você mesmo.

Quarto passo: reconsidere as primeiras impressões

Costumo aceitar as minhas primeiras impressões, mas só depois de examiná-las cuidadosamente. Algum tipo de "reflexão" ou contemplação deve ocorrer entre a sua impressão inicial e a sua aceitação daquilo como dogma de uma relação.

Muhammad Ali me disse certa vez: "Sou mais famoso do que Jesus Cristo" (uma frase que ele talvez tenha pegado emprestado dos Beatles). Fiquei chocado com a afirmação, descartei-a como bravata e deixei para lá. Porém, meses depois, por algum motivo, comecei a

32 | ISSO VOCÊ NÃO APRENDE EM HARVARD

pensar naquilo e a contar todos os países muçulmanos, hindus e não cristãos nos quais Ali era extremamente conhecido. A afirmação ainda era bravata, mas percebi que também podia ser verdadeira.

Quinto passo: espere para usar o que aprendeu

Se você estiver prestes a fazer uma apresentação ou uma ligação, reserve um momento para pensar no que você sabe e na reação que deseja obter. Com base no que conhece da outra pessoa, o que você pode dizer ou fazer para ter mais chances de se sair bem com ela?

Sexto passo: seja discreto

A discrição é a melhor parte da leitura de pessoas. A ideia de aplicar adequadamente o que você aprendeu é *não* dizer o quão inseguras você acha que elas são ou apontar todos os pontos em que percebeu que elas podem estar errando. Ao deixá-las saberem o que você sabe, você perderá qualquer chance de usar essa percepção de maneira eficaz. Você não deve reciprocidade a alguém pelas percepções que tem dela. Lembre-se: você só pode usar o que aprendeu se ela souber menos sobre você.

A melhor maneira de deixar as pessoas entrarem no seu quociente de segurança é contar sobre as suas próprias realizações. Deixe que saibam de suas qualidades e conquistas através de outra pessoa.

Sétimo passo: distancie-se

Se você conseguir se distanciar de qualquer situação comercial, sobretudo de uma que esteja ficando mais acalorada, seus poderes de observação aumentarão na hora. Quando a outra pessoa perder um pouco a paciência, ela revelará mais sobre si do que em qualquer outro momento. Se você retribuir com uma resposta igualmente irritada, não apenas será menos observador, como também estará se revelando para ela.

Sou um defensor ferrenho da importância de agir em vez de reagir em qualquer situação comercial. Isso possibilita que você realmente use o que aprendeu e que converta percepções em controles. Quando reagimos, quando não conseguimos recuar antes disso, podemos estar jogando fora essa vantagem poderosa.

Quem não reage não exagera. Está no controle em vez de sob controle.

2
FORMANDO IMPRESSÕES

Em 1964, eu estava andando por uma rua de Seattle com Bob Hope e Arnold Palmer quando uma mulher veio até Hope e disse: "Você se lembra de mim? Nós nos conhecemos há dois anos, em Cincinnati." Ele foi muito educado, mas obviamente não fazia ideia de quem era aquela mulher. Depois que ela foi embora, ele disse: "Dá para acreditar? A gente conhece dez mil pessoas por ano, aí alguém surge dois anos depois esperando que você se lembre do nome dela."

Como eu mesmo sou muito ruim com nomes, tendo a achar que todo mundo também é. Não importa quantas vezes eu tenha estado com a pessoa, se eu não estiver totalmente certo de que ela sabe o meu nome — e sobrenome —, começarei com "Olá, eu me chamo Mark McCormack".

Embora a questão seja secundária, é exatamente isso que significa passar a impressão profissional correta. O fluxo diário de negócios prevê pouquíssimos atos monumentais ou gestos simbólicos. Assim como você pode ter uma das melhores percepções sobre as pessoas pelas pequenas coisas que elas dizem e fazem, são as pequenas coisas que você diz e faz que geralmente causam a impressão mais duradoura.

A maneira como as pessoas se relacionam com você nos negócios se baseia nas declarações conscientes e inconscientes que você faz sobre si mesmo. A forma como você se veste, seus modos ao telefone, sua eficiência, seu jeito de escrever, como cumprimenta as pessoas, tudo isso afeta a impressão que você causa nos outros — a "leitura" destes —, fazendo-os perceberem você da maneira que você deseja ser percebido.

Trata-se de uma forma criativa de manipulação. Uma das grandes frustrações da vida é que as pessoas não fazem aquilo que gostaríamos que elas fizessem. Mas, se conseguirmos controlar as impressões que elas têm a nosso respeito, podemos levá-las a *querer* fazer o que gostaríamos que elas fizessem.

Em qualquer nova situação comercial, ocorre um tipo de avaliação mútua entre os participantes. Cada um está tentando influenciar sutilmente o outro. Quem estiver mais bem equipado para controlar as impressões formadas conquistará o máximo a curto prazo e, provavelmente, a longo prazo também.

Um amigo chama esse momento do contato humano de "pirotecnia dos negócios". Embora eu concorde com a nomenclatura no que diz respeito à importância e ao impacto de formar impressões, ela pode contradizer a sutileza do processo.

Obviamente, as pessoas que acham que estão sendo manipuladas e controladas não serão. Os executivos mais eficazes impressionam de maneira discreta. Às vezes, é um simples ato ou gesto que, se nunca tivesse sido feito, talvez nem fizesse falta; e é exatamente por isso que será notado quando acontecer.

Com frequência, sobretudo nas negociações, a maneira como algo é escrito altera por completo a dinâmica das relações envolvidas. Eu já vi isso se resumir, por exemplo, à adição ou exclusão de uma ou duas palavras, ao uso de um "Eu concordo" — mesmo quando você não concorda —, que depois é invalidado com um "mas...".

Certa vez, eu tinha um almoço marcado com Ray Cave, editor-chefe da revista *Time*, e, quando chegamos ao restaurante, Ray cumprimentou o maître com "Prazer em vê-lo *de novo*". O maître se animou e imediatamente nos levou à nossa mesa. Depois que ele se afastou, eu disse para Ray: "Pensei que você tivesse dito que nunca esteve aqui antes." Ele confirmou que de fato nunca estivera.

Uma colega de Ray, Patricia Ryan, editora-executiva da revista *People*, uma vez me disse que, quando tem um almoço de negócios em que acha que se sentirá intimidada ou não será levada a sério, ela pede um uísque e uma água. Ela raramente bebe, mas o simples ato de pedir um uísque em vez de uma Perrier deixa uma impressão sutil, quase imperceptível, de seriedade.

A sutileza de causar impressões exige autoconhecimento — conhecimento da impressão que você causa e da que você deseja causar. Na maioria das vezes, as pessoas que pensam que estão arrasando, na verdade, estão deixando impressões muito fortes, quase todas ruins.

Contudo, ainda pior do que ter um autoconhecimento distorcido é não se conhecer. Você já viu a cena do executivo que, ao descobrir um problema com uma reserva de passagem aérea, começa a berrar com o atendente? O atendente é a pessoa que tem o poder de embarcá-lo, e o executivo faz questão de se indispor com o sujeito. Essa é a síndrome da autossabotagem. Mesmo que o que você tenha a dizer seja válido, expressar-se de maneira negativa vai fazer com que ninguém lhe dê ouvidos.

Esteja atento a todas as sutis oportunidades diárias de impressionar positivamente e a todas as não tão sutis oportunidades que você tem para se queimar. Deixar a impressão certa pode ser algo tão simples quanto tratar as pessoas como elas querem ser tratadas. Ou algo tão difícil quanto continuar tratando-as da forma que elas não querem. A impressão que você causou é o que lhe permite ser imperfeito.

Se você tirar proveito de todas as pequenas oportunidades para criar uma impressão consistente de competência, eficiência, maturidade e resiliência — o tipo de pessoa com quem todos querem fazer negócios —, elas ignorarão transgressões ocasionais. Elas perdoarão todo tipo de comportamento "fora do personagem" se a impressão que você deixou for favorável.

AFASTE IDEIAS PRECONCEBIDAS

Considere fazer o oposto do que é esperado. Muitas vezes, isso é um exemplo de eficiência.

Se alguém espera resistência, é incrível o que uma simples e modesta observação pode fazer. Se alguém espera uma negociação rígida, fazer uma concessão mínima é um bom pontapé inicial. Quanto mais uma pessoa pensar que quero algo dela, mais me esforçarei para parecer que não.

Recentemente, estávamos muito interessados em fechar contrato com uma cliente que estava hesitante. Essa estrela da televisão sabia o quanto a queríamos em nosso portfólio e, por isso, esperava que fizéssemos concessões. Em duas reuniões de apresentação, contei-lhe um pouco sobre mim e sobre a empresa, e conversamos muito sobre sua carreira, suas oportunidades e como eu as aproveitaria se estivesse no lugar dela. Sequer cheguei a tocar no assunto da representação jurídica. Naturalmente, ela começou a se perguntar por que não estávamos nos esforçando para fechar com ela — e ela mesma começou a seguir nessa direção.

Se as pessoas supõem que tenho conhecimento de uma situação, costumo falar algo que contradiga isso no primeiro ou segundo minuto de uma reunião. No mínimo, isso faz a pessoa baixar a guarda, e, geralmente, quanto menos informado alguém parecer, mais disponível e aberta a outra parte será. Por outro lado, se acharem que estou boiando, farei um ou dois comentários inocentes que mostrarão que sei mais do que imaginam.

Em transações internacionais, vi a barreira do idioma — ou uma barreira notável do idioma — ser usada com sucesso. O *"no comprendo"* e suas centenas de variantes linguísticas são uma ferramenta comercial muito útil.

Os americanos, que geralmente são o povo menos familiarizado com um segundo ou terceiro idioma (e costumam ser defensivos e inseguros a esse respeito), estão mais sujeitos às barreiras linguísticas, e os executivos estrangeiros acabam tirando proveito disso. O executivo americano que consegue dizer uma ou duas frases perfeitas na língua nativa da outra pessoa pode ter uma vantagem útil.

Cultura e costumes são aspectos interessantes até em suas variações entre as regiões dos Estados Unidos. Por exemplo, uma pessoa nascida e criada em Nova York fazendo negócios no Sul do país está mais vulnerável ao que ela considera ser a sua própria vantagem, e já vi muitos empresários sulistas ferrando ianques no seu ponto mais fraco. Sempre que há um contraste cultural em jogo — cidade grande *versus* cidade pequena, indústria do entretenimento *versus* Wall Street —, provavelmente algum lado levará vantagem.

E também já vi algumas pessoas usarem a própria cultura e costumes como cartada. Lidamos com um promotor esportivo de muito sucesso no Japão chamado Atsushi Fujita, cujos métodos às vezes podem ser um tanto incomuns. Há vários anos, Fujita estava negociando os direitos da televisão japonesa para transmissão do Rose Bowl, até que uma das redes locais fez uma oferta diretamente ao comitê do evento. Quando soube disso, Fujita foi ao encontro do presidente da rede e levou a própria filha junto. De pé à porta do executivo e aper-

FORMANDO IMPRESSÕES | 37

tando a mão da criança, ele disse que, se a oferta não fosse desfeita, ele próprio ficaria malvisto nos Estados Unidos. Dois dias depois, Fujita tinha o Rose Bowl de volta.

CARTAS SÃO EMISSÁRIOS

A comunicação escrita — tanto interna quanto externamente — é uma das oportunidades mais comuns para nos apresentarmos à comunidade empresarial.

Sou muito rigoroso com qualquer comunicado por escrito emitido em meu nome. Insisto que seja caprichoso ("agradável aos olhos") e não tenha erros de ortografia ou de digitação. No âmbito corporativo, poucos são os defeitos que se enxergam facilmente, mas uma escrita ruim é um deles. É frustrante ouvir uma secretária dizer: "Está quase certo." A correspondência passa uma forte impressão subliminar de como você administra a sua empresa, e não quero que alguém ache que eu a administro "quase corretamente" quando tenho a chance tão simples e óbvia de causar a impressão oposta.

Procuro dedicar um tempo à personalização de todas as minhas comunicações profissionais — desde algumas frases até alguns parágrafos —, fazendo menção a algum interesse pessoal do destinatário que não tenha muito a ver com o assunto da mensagem. Por exemplo, citar algum negócio recente que sei que deu certo para ele, reconhecer sua torcida por algum time ("E os Browns, hein?" ou "Você conseguiu ir ao jogo no domingo?") ou perguntar sobre a família. É uma forma de me solidarizar, torcendo para que a sua carga de trabalho tenha diminuído ou que ele enfim tenha conseguido a folga que tanto queria.

Personalizar uma mensagem contendo um pedido causa uma impressão particularmente boa. Esse esforço não passará despercebido, porque fará o outro se perguntar "Como ele sabia disso?" e, no mínimo, mostrará que você dedicou um tempo para fazer o dever de casa.

Também tenho uma lista extensa de cartões e presentes de Natal que envio todos os anos. O fato de que o período de festas é um dos mais movimentados para nós e para a maioria das empresas americanas poderia me fazer desistir desses agrados. Afinal, supostamente ninguém se importa com isso, certo? Pensando assim, muitas pessoas deixam de mandar lembranças, e é exatamente por isso que eu continuo a enviá-las.

Por serem extremamente impessoais, trocas de mensagens corporativas são sempre péssimas. Acho que nunca ouvi alguém dizer "Recebi um memorando ótimo hoje". A única coisa pior do que começar com "Prezado senhor" é quando o seu nome foi escrito (geralmente do jeito errado) em um espaço predeterminado e a concordância de gênero falha no meio da mensagem. Ou seja, o seu nome entrou no mesmo espacinho onde estará o nome de muitas outras pessoas.

Com o advento da máquina de escrever com memória, não entendo por que ainda existem modelos de carta. Mas eles existem, como um monumento à má forma em detrimento do bom conteúdo.

Outra coisa que resultará em uma primeira impressão negativa instantânea é endereçar um envelope como "pessoal e confidencial" sem um bom motivo. A decepção nunca passa uma boa imagem. Se você recorre a essa estratégia para que o destinatário leia a sua correspondência, provavelmente também está errando em várias outras coisas.

Nas circunstâncias certas, a velocidade é um atrativo. Telegramas, telexes e mensagens eletrônicas recebem mais atenção do que cartas enviadas pelo correio de sempre. Eles têm uma importância que geralmente está ligada ao fato de serem entregues imediatamente ao destinatário em vez de desviados para uma secretária. O mesmo pode ser dito da Air Express, embora isso tenha ficado tão comum que perdeu muito de seu impacto.

VOCÊ É CONHECIDO PELAS SUAS COMPANHIAS NO ESCRITÓRIO

Como vimos, uma secretária ou um secretário é o seu elo oficial com o mundo exterior, e o comportamento desse funcionário reflete a forma como o mundo exterior o vê. Se a secretária é ríspida, você será percebido como ríspido. Se deixa escapar informações confidenciais, você também levará essa fama. Se dá carteirada em seu nome, pensarão que é porque você faz o mesmo. Se é intrometida e autoritária, você será visto do mesmo modo.

A secretária de um dos principais executivos britânicos do ramo televisivo barrava qualquer reunião que eu quisesse marcar com ele. Em diversas ocasiões, tentei agendar um encontro "em qualquer horário durante as próximas duas semanas", e ela simplesmente me respondeu, via minha própria secretária, que ele sempre está "muito ocupado". No entanto, sempre que falo diretamente com o sujeito, é fácil marcar reuniões com ele.

É claro que os secretários desempenham um papel protetor. Ao filtrar as pessoas, permitem que você aja, em vez de reagir, perante uma variedade de situações de negócios. Porém, essa triagem pode ser feita de várias maneiras, positivas ou negativas. Muitas vezes, a diferença está em uma simples frase: "Devo dizer que a ligação é da parte de quem?" *versus* "Quem é você?".

Secretários costumam parecer sargentos, e há executivos que se divertem com o seu jeito ríspido e até incentivam. Suspeito que eles acham que essa ignorância os faz parecer muito mais importantes.

É lógico que isso se aplica a todos os subordinados. Se eles trabalham diretamente para você, é provável que você esteja sendo julgado, ao menos em parte, pela forma como eles se apresentam. Portanto, se você perceber falhas de comportamento, é do seu interesse apontá-las para que sejam corrigidas.

VISTA-SE COMO UM EXECUTIVO

A MCA/Universal era famosa por seu código de vestimenta rígido: ternos escuros e camisas brancas (os executivos, às vezes, eram chamados de pinguins). O curioso é que *o próprio* CEO, Lew Wasserman, não era um defensor da formalidade — longe disso. Porém, ele geria uma empresa em rápido crescimento, em um setor muito volátil, e sabia que o "pessoal de Hollywood" era sempre visto como um bando de fumantes que vendiam de porta em porta, que costumavam aumentar os fatos e amenizar os pontos problemáticos de um negócio. Portanto, o código de vestimenta da MCA impressionava duas vezes: criava uma imagem positiva de estabilidade ao mesmo tempo que desfazia uma negativa.

A maneira como você se veste deixa, de imediato, uma forte impressão a seu respeito. Em geral, faz mais sentido seguir um estilo conservador. Se você entende que é possível descobrir bastante sobre as pessoas pelas roupas que vestem, é seguro admitir que os outros têm a mesma habilidade. Obviamente, quanto mais conservador for o seu traje, mais difícil de decifrar você será. Pessoas que compareçam a reuniões de negócios usando mocassins sem meia, camisa desabotoada e correntes de ouro à mostra podem evocar estereótipos desagradáveis sobre a própria personalidade.

Há vários anos, contratamos um executivo que veio trabalhar no primeiro dia vestindo uma bela calça cinza, uma camisa de seda aberta e um blazer azul tradicional. Pedi ao chefe da divisão dele que explicasse que aquela vestimenta era inadequada para o escritório.

Muitos de nossos clientes estão na casa dos vinte anos e comparecem às reuniões com roupas casuais, principalmente os tenistas. Mas muitos desses jovens também são milionários, e nós lidamos com o dinheiro deles: cobramos, administramos e investimos. Esses clientes querem que nossos executivos se pareçam mais com banqueiros do que com tenistas, mesmo que sejam tenistas bem-vestidos.

Coco Chanel disse certa vez que, se uma mulher está malvestida, você nota o que ela está vestindo e, se ela está impecável, você nota a mulher. Acho que o conselho se estende aos homens e mulheres de negócios. Via de regra, é preferível que suas roupas não revelem nada sobre você — a não ser, talvez, que são exatamente do seu tamanho.

SEJA PONTUAL

Sempre que entro em uma nova relação profissional, faço questão de ter uma pontualidade britânica. Se marquei uma ligação para as dez da manhã, telefonarei às dez da manhã. Se prometi deixar um documento na mesa de alguém na segunda-feira seguinte, ele será entregue na segunda-feira seguinte. Vou aparecer para o compromisso exatamente na data e hora marcados.

Faça isso nas primeiras vezes que tiver de lidar com novos parceiros e eles não só pensarão que você conduz todos os seus negócios desse modo, como farão o mesmo. Você passará a receber respostas com a mesma pontualidade com a qual os acostumou.

NÃO DESPERDICE O TEMPO ALHEIO

A falta de tempo é a reclamação mais comum entre os executivos: faltam horas no dia para realizar tudo. No entanto, esses mesmos empresários ficam muito menos preocupados quando se trata do tempo de outra pessoa.

FORMANDO IMPRESSÕES | 41

A maneira mais rápida de deixar uma impressão negativa duradoura é desperdiçar o tempo de alguém: ocupá-lo desnecessariamente ou mais do que o necessário. Se você não tem nada a dizer, não marque uma reunião com um contato valioso só para conhecê-lo pessoalmente; fazer isso é o mesmo que garantir que vocês nunca mais voltem a se encontrar.

Não faça as pessoas perderem tempo em seu escritório. É frustrante aguardar sentado enquanto a pessoa que o receberá está em uma ligação atrás da outra. Ainda mais irritante é aturar um telefonema informal que poderia facilmente ter sido interrompido com um "Estou em reunião. Posso ligar de volta em alguns minutos?". Se for realmente necessário atender quando houver alguém em seu escritório, peça licença e seja breve.

Existem três exceções a essa regra de etiqueta: quando você está treinando um subordinado e quer que ele observe como você se comunica por telefone ou que escute, em primeira mão, os detalhes de uma situação específica; quando a chamada pode ser pertinente à reunião em questão; e quando a pessoa com quem você está se reunindo pode ficar bem impressionada ao saber quem está ligando.

No início da década de 1970, o então vice-presidente americano Spiro Agnew, com quem estive uma ou duas vezes, tentava me convencer a representar os direitos literários de um conto sobre golfe que ele escrevera, intitulado "Posso jogar melhor do que isso, mas nunca joguei". Liguei para ele de um hotel em Chicago, mas ele não estava disponível, então a pessoa em seu escritório me perguntou onde poderia me encontrar em outro momento. Eu disse que estaria no hotel ou no escritório de A. C. Spectorski, que, na época, era o editor da revista *Playboy*.

Durante a minha reunião no escritório de Spectorski, a secretária dele ligou e disse: "O vice-presidente dos Estados Unidos está na linha para falar com o sr. McCormack." Embora a ligação de Agnew não tivesse nada a ver com o negócio que tratávamos ali, a reunião ganhou uma nova importância.

SEU PRÓPRIO TERRITÓRIO

Há momentos em que uma das melhores técnicas de vendas do mundo é simplesmente "aparecer" — entrar em um avião e ir até onde é

42 | ISSO VOCÊ NÃO APRENDE EM HARVARD

preciso para encontrar alguém no conforto do próprio escritório. Às vezes, isso é protocolo; outras vezes, é uma demanda específica. Contudo, via de regra, é muito melhor marcar reuniões em seu próprio escritório do que no de outra pessoa. Isso tem muito pouco a ver com um "escritório poderoso", mas tudo a ver com força territorial. Mesmo que o que você tenha seja um "cubículo poderoso", ainda assim é melhor marcar as reuniões nele.

Para começo de conversa, seu escritório é o seu palco. Nele, você pode exercer controle sobre uma reunião de uma forma que seria impossível em outro espaço. Em segundo lugar, uma reunião no próprio território causa uma sensação de "invasão" na outra parte. Há uma certa tensão no convidado, por mais discreta que seja. Ao ser educado e deixá-lo à vontade, você dissipa essa tensão e conquista um pouco de confiança e credibilidade antes mesmo de começar.

O único artifício ao qual recorro é deixar as luzes bem baixas. Afora isso, para mim, um escritório "poderoso" é ou muito grande ou muito bem arrumado, uma sala onde é nítido que o trabalho acontece.

FAÇA VALER A SUA PALAVRA

Dow Finsterwald, ex-campeão da liga de golfe profissional dos Estados Unidos e ex-chefe do hotel Broadmoor, em Colorado Springs, certa vez me pediu um favor. Ele viu uma reprodução de uma pintura de Leroy Neiman que o retratava jogando com Arnold Palmer e perguntou se conseguiríamos uma cópia assinada para colocar em seu clube. Liguei para um de nossos executivos que lidava com Neiman mais diretamente. Ele me disse que não haveria problema, e assim transmiti a notícia para Dow.

Um mês depois, liguei para esse executivo (eu estava no Japão na época) e comecei a contar uma história do início da minha carreira, quando fiz uma promessa a alguém, não a cumpri e aquilo voltou para me assombrar. À medida em que eu prosseguia, foi ficando claro que ele não fazia ideia do que eu estava falando. Mas, quando me aproximei do fim da história, ele exclamou: "Meu Deus, a pintura do Neiman!" Nós a enviamos uma semana depois.

As pessoas fazem promessas no âmbito profissional o tempo todo, mas quase nunca as cumprem, o que cria, desnecessariamente, uma

FORMANDO IMPRESSÕES | 43

péssima impressão sobre elas. Se você prometer que vai fazer algo, faça. Se não puder, achar muito trabalhoso ou não quiser, então não prometa. Invente uma desculpa na hora do pedido, mas sequer diga que vai tentar — no mínimo, isso deixará a outra parte com a impressão de que você tentou... e fracassou.

Se você disser que vai retornar uma ligação no dia seguinte e não o fizer, é possível que isso influencie toda a relação. Não há nenhuma lei corporativa que o obrigue a ligar de volta, só não diga que vai fazer se não for mesmo fazer.

Também não é aconselhável falar em nome da empresa se existir, por menor que seja, a chance de que ela não endosse seu discurso.

Muitos anos atrás, várias pessoas da Wilson Sporting Goods garantiram a Arnold Palmer que, se ele quisesse encerrar o contrato, bastaria pedir. Anos mais tarde, quando o bom vínculo de Arnold com a Wilson começou a se desfazer, decidi testar essa garantia. Arnold e eu almoçamos com Bill Holmes, presidente da empresa, e perguntei a Holmes: "Se Arnold quiser encerrar o contrato, tudo bem?" Nervoso, Holmes respondeu apenas: "Não."

Foi uma ótima lição para mim e para Arnold. Acreditamos que uma pessoa, por trabalhar na empresa, estava falando em nome dela. O desencanto de Arnold com a Wilson acabou levando à dissolução de seu contrato.

Prometer a alguém que você entregará algo em uma semana e entregar um mês depois é pior do que não prometer nada.

FAÇA UM GESTO MARCANTE

Gestos corporativos são feitos em nome ou a pedido de uma pessoa *com o objetivo de deixá-la em dívida com o benfeitor.* Ambas as partes às vezes sequer estão cientes disso. Você pode até gostar de determinada pessoa e realmente desejar lhe fazer um favor, mas é a reciprocidade obrigatória do gesto corporativo que o diferencia de um gesto pessoal. E, mais uma vez, a sutileza é crucial aqui. Quanto mais um favor for percebido como um *quid pro quo*, menos eficaz ele será.

Já lidei com executivos que pareciam ter uma lista de favores devidos e concedidos. Na verdade, não me incomoda trabalhar com pessoas assim. O objetivo é lhes fazer favores, mas nunca pedir um. Para essas pessoas, o "placar" é tão importante que elas acabarão se esforçando para criar oportunidades para você a fim de ficarem "quites".

Os gestos corporativos se enquadram em três categorias: os que são ignorados ou mal interpretados com facilidade; os que são valorizados por pouco tempo; e os que são valorizados a longo prazo.

A primeira categoria compreende todos os gestos que passam despercebidos ou que o prejudicam ativamente. Há certas atitudes, como fazer uma ligação em nome de alguém ou ajudar um de seus funcionários, das quais a outra parte talvez nem venha a saber. Não espere que as pessoas o valorizem se elas não souberem que há motivo para isso; ou seja, é de seu interesse que elas casualmente descubram o seu gesto generoso ("Concedemos um pouco de tempo ao seu assistente na semana passada" ou "Dissemos para fulano o quanto estamos gratos pela sua ajuda").

O favor ostensivo é outro exemplo interessante da primeira categoria. Se for óbvio demais, ele pode facilmente ser mal interpretado (ou corretamente interpretado) e então passa a ter um senso consciente de obrigação. Favores ostensivos podem sair pela culatra. Existem inúmeras ocasiões em que somos solicitados, por exemplo, a comprar camisas, tacos de golfe ou ingressos para alguém e a cor ou o tamanho estão incorretos, o peso do *swing* não está adequado ou os ingressos não são muito bons. O resultado é mais má vontade por parte do outro do que haveria se todo o esforço tivesse sido evitado para começo de conversa. É como tentar salvar uma pessoa que está se afogando, quebrar o braço dela no processo e ser processado por isso.

Os favores de "boa intenção" (como gestos feitos em nome de alguém, mas sem seu conhecimento) também se enquadram nessa categoria. Boas intenções podem nem sempre ser benéficas à outra pessoa: o gesto pode irritá-la ou não será valorizado, deixando *você* irritado.

A segunda categoria geralmente tem a ver com o tempo: reservar um espaço na agenda para ver alguém, levar uma pessoa para almoçar mesmo quando vocês poderiam resolver o assunto em uma conversa de cinco minutos, perder tempo ao telefone ou escrevendo para expressar interesse ou preocupação pessoal.

FORMANDO IMPRESSÕES | 45

Um dos melhores favores a "longo prazo" que existem é atuar como intermediário de outrem, reunindo duas pessoas nas quais você não tem interesse imediato. Ambas se lembrarão disso. Mas o ponto mais importante sobre qualquer gesto ou favor, grande ou pequeno, a longo ou a curto prazo, é: se prometer algo, faça. Ou então explique por que você não deu conta de fazer.

É nessas áreas que orbitam as interações corporativas que costumam ficar as lembranças mais duradouras, e uma promessa negligenciada ou não cumprida também pode perdurar. Os anos podem passar até que um dia, do nada, a pessoa que você decepcionou se lembrará da falha como se tivesse acontecido na véspera.

Veja a seguir atos e gestos que serão valorizados, reconhecidos e, a longo prazo, retribuídos:

Faça algo para as crianças

Às vezes, os gestos mais incríveis são indiretos. Quando meu filho Todd estava na escola, ele era louco por futebol americano. Um colega de negócios providenciou que ele conhecesse o então *quarterback* do Minnesota Vikings, Fran Tarkenton. Todd ficou totalmente emocionado — e eu nunca mais esqueci daquilo. Portanto, se você quer impressionar um cliente, faça algo pelos filhos dele. Isso significará muito mais do que qualquer outro gesto.

Aliás, o que você sabe sobre a família de seus colegas mais importantes? Por acaso já demonstrou interesse ou tirou um tempo para descobrir? Porque essa é uma informação que vale a pena ter.

Há muitos anos, Fujita soube que um de seus sócios, um executivo da Japan Airlines, tinha uma filha que era muito fã de tênis e idolatrava Martina Navratilova. Então, quando estava organizando um torneio de tênis feminino em Tóquio (do qual Navratilova participaria), ainda com essa informação na memória, Fujita ligou para o sujeito, que se tornara chefe da empresa na Europa. "Acha que sua filha gostaria de vir ao Japão e ser a guia pessoal de Martina?", perguntou ele. É claro que a menina aceitou imediatamente, e seu pai não poderia ter ficado mais grato.

Não haveria maneira melhor de se aproximar de um executivo da Japan Airlines, e não há nada de antiético nessa iniciativa.

Deixe as pessoas à vontade

Geralmente as pessoas concordam em fazer certas coisas e, por diversas razões que fogem ao seu controle, não conseguem ou até mesmo não querem mais. As circunstâncias podem ter mudado, novas informações podem ter influenciado o seu desejo de fechar o acordo, ou elas podem ter sido barradas por algum superior.

Como advogado, para mim, é fácil tratar um compromisso como um compromisso e um acordo como um acordo. Porém, já percebi em inúmeras ocasiões que, ao reconhecer circunstâncias atenuantes e deixar alguém à vontade, consegui muito mais para mim e para a minha empresa a longo prazo.

Por vários anos, nossa empresa de consultoria teve um contrato com a Wilkinson Sword. Em meados da década de 1970, a Wilkinson passou por um período difícil, e o diretor administrativo, Chris Lewinton, me procurou: "Mark, estamos passando por um período difícil, e queria pedir um favor: precisamos reduzir consideravelmente os honorários de vocês."

Sem hesitar, garanti a ele que aquilo não seria problema. Alguns anos depois, quando a Wilkinson se recuperou, eles não só aumentaram os nossos honorários para compensar a diferença, como também expandiram a nossa relação após serem adquiridos pela Allegheny International.

Deixar as pessoas à vontade é o mesmo que dar espaço para que elas mudem de ideia. Quando isso acontece, é natural termos vontade de lembrá-las do que estava previamente combinado. Contudo, se observarmos atentamente o motivo da mudança e pensarmos na relação a longo prazo, talvez seja mais benéfico deixar rolar.

Conceda pequenos descontos

Expandir uma relação comercial quase sempre é mais fácil do que começar uma nova. Passando a impressão certa, você faz as pessoas quererem trabalhar com você mais vezes. Conquistar isso repetidamente é uma questão de saber quanto esforço dedicar a esse movimento.

Tenho um amigo próximo e parceiro de negócios chamado Kerry Packer, que, entre outras coisas, é dono do Channel 9, a maior rede de televisão comercial da Austrália. Muitos anos atrás, David Frost, também amigo de Kerry, ligou para ele para tentar vender os direitos australianos para as futuras gravações de suas entrevistas com Nixon. Frost gastara muito dinheiro no projeto e estava ansioso para tentar recuperar o investimento.

Ele cobrou 175 mil dólares pelas fitas, mas Packer respondeu que, pelos direitos somente na Austrália, ele não passaria dos 160 mil. As negociações por telefone não estavam evoluindo rumo a um acordo, e um impasse como esse, principalmente entre amigos, pode terminar bem mal.

Por fim, em um arroubo de sinceridade, David disse: "Kerry, eu *realmente* preciso dos 175 mil. E tenho certeza de que as fitas valem isso." Depois de ficar em silêncio por um bom tempo, Packer respondeu: "Tive uma ideia, David. Tenho uma moeda aqui. Vamos tirar na cara ou coroa. Pode escolher." Do outro lado do telefone, Frost tossiu nervosamente e hesitou. "Tudo bem", respondeu enfim. "Cara." "Você venceu", disse Packer segundos depois.

O que é mais importante para você? Uma vitória de curto prazo ou uma relação de longo prazo? Às vezes, dar um descontinho pode ser o melhor negócio.

Elogie com sinceridade

O elogio mentiroso é inconfundível e pode facilmente sair pela culatra. Já o elogio sincero — valorizar e reconhecer as verdadeiras habilidades de alguém e o benefício que elas proporcionaram — pode ser bastante sedutor. Se perceber que uma pessoa agiu com inteligência e você se beneficiou, diga a ela. (Mas não diga que a pessoa é inteligente só porque comprou de você. Isso entra na categoria do elogio mentiroso, que gera suspeita em vez de confiança.)

Uma das formas mais eficazes de elogiar com sinceridade é fazer com que a pessoa seja bem-vista pelos demais funcionários da empresa. Quando Noel Morris era CEO e diretor administrativo da Slazenger na Austrália, tentei amarrar os contratos de Gary Player e Jack Nicklaus ao tempo de duração do seu cargo de CEO. Ele ficou lisonjeado por ter os interesses e as fortunas de Player e Nicklaus tão ligados à sua pessoa, e para nós não era prejudicial que alguém do naipe de Morris cuidasse diretamente dos interesses de nossos clientes.

O conselho da Slazenger acabou não aprovando a ideia, mas, ainda assim, ambos os objetivos foram atingidos.

Faça amizades

Se estiverem em pé de igualdade, as pessoas comprarão de um amigo. Se não estiverem, ainda assim irão fazê-lo.

Faça amizades.

Não é preciso ficar íntimo de todos os parceiros comerciais, basta ligar de vez em quando, perguntar como andam, trocar ideias, enfim, demonstrar algum interesse.

Na nossa empresa, é importante ligar para os clientes e perguntar como foram os jogos do final de semana, se resolveram o problema com o segundo saque ou com o taco de areia e assim por diante. Coisas tão simples, e, ainda assim, até nossos funcionários às vezes se esquecem o que essas ligações aparentemente banais representam para as relações pessoais. Eu mesmo esquecia, até aprender na marra.

Após alguns anos representando Arnold, Gary e Jack, eu sabia muito bem o quanto a nossa empresa era melhor do que qualquer outra que um golfista profissional pudesse encontrar. Para mim, era óbvio que, qualquer atleta querendo a melhor representação nos procuraria. O que eu não percebi foi que muitos dos novos jogadores que estavam surgindo não tinham ideia da gama de serviços que oferecíamos ou do tamanho da nossa capacidade. E, mesmo que tivessem, nossa postura passiva e pouco propensa a inflar egos parecia fria e arrogante.

Fazer amizades não estava em nosso planejamento, mas estava no de outras agências e, durante a década de 1970, muitos dos melhores jovens talentos do golfe assinaram contrato com elas.

Se não quiser fazer amizades, contente-se em trabalhar com gente neutra e com inimigos. E, se você não quiser se esforçar para manter as amizades que já tem, é melhor estar muitos passos à frente da concorrência.

Tenha mentores: tenha confidentes

Tanto mentores quanto confidentes podem proporcionar relações profissionais muito eficazes. Ambos vão querer trabalhar com você, ajudá-lo e fazer favores sempre que possível.

FORMANDO IMPRESSÕES | 49

A mentoria nada mais é que uma busca por conselhos e orientações de alguém de sua confiança. Em pouquíssimo tempo o limite entre dar conselhos e fazer um favor desaparece por completo. Ter um confidente *não é* o mesmo que violar a privacidade de alguém ou revelar segredos corporativos. Trata-se de vez por outra compartilhar suas impressões, transmitir conhecimentos que não sejam sigilosos e que possam ser úteis ao outro, e fazer com que *ele* confie em você.

Eu sabia que David Foster, ex-presidente da Colgate, gostava de estar um passo à frente de sua agência de publicidade, principalmente no que dizia respeito à relação muito estreita de patrocínio da Colgate ao golfe. Eu transmitia todas as informações que conseguia recolher da cena profissional, e quase sempre Foster estava por dentro das oportunidades da área antes da agência. Era algo que não prejudicava ninguém e que ajudava Foster a deixar sua agência ligeiramente em desvantagem.

Fizemos muitos negócios com a Colgate.

Seja discreto

Reforçar a importância da confidencialidade nos negócios nunca é demais. As pessoas podem até gostar de ouvir o que você está contando, mas, no fundo, elas não gostam do fato de que você esteja revelando seja lá o que for. Por exemplo, se um de nossos executivos da área do tênis abordar Chris Evert Lloyd e disser tudo o que sabe a respeito de Martina Navratilova, logicamente Chrissie pensaria: "Se ele diz isso de Martina para mim, o que será que diz de mim para a Martina?"

É simples: se você trair a confiança de alguém, cedo ou tarde levará o troco. Essa parece uma daquelas lições profissionais que todo mundo precisa aprender na marra, mas basta ser descoberto uma vez. O resultado geralmente é tão constrangedor, humilhante e desnecessário que a lição é assimilada na hora.

Certa vez, um de nossos executivos financeiros conversava com Virginia Wade a respeito de algumas atividades de outro cliente. Virginia, que pode ser um tanto travessa, tentou extrair o máximo de informações e conseguiu. Mais tarde, porém, ela me relatou o ocorrido com preocupação e pediu que conversássemos a respeito com a pessoa em questão. Hoje em dia ele é muito mais cuidadoso.

Há uma regra em nosso escritório: ao mencionar o nome de um cliente em uma carta, você deve partir do princípio de que ele descobrirá que foi mencionado. Se uma carta disser "Se você não pode contratar John Madden, que tal John Havlicek?", eu lhe garanto que, cedo ou tarde, os dois ficarão sabendo.

Mesmo que você imagine a quem uma pessoa é leal e quais são os interesses dela, não suponha que um pedido de confidencialidade será respeitado e não registre isso por escrito, jamais.

Ainda que você não tenha nada a esconder, a discrição ainda é o aspecto crucial do valor dos negócios. Uma vez, tínhamos um cliente importante que mantinha uma relação muito instável com um mentor/consultor externo. Na baixa temporada, esse cliente sempre nos contava que pretendia romper com o consultor e pedia nossa opinião. Em certa ocasião, cometemos o erro de dizer a ele, avaliando mal a influência da outra pessoa. Ao nos intrometermos, contrariamos essa pessoa a ponto de prejudicar seriamente a relação que tínhamos com o nosso cliente. Teria sido muito melhor não dizer nada e continuar neutros.

A indiscrição e a quebra de confiança sempre levam a problemas que, posteriormente, você não consegue acreditar que criou para si mesmo.

O TRUNFO PESSOAL MAIS IMPORTANTE NOS NEGÓCIOS

Obviamente, o verdadeiro trunfo é o bom senso. Se é algo do qual você ainda não dispõe, provavelmente nunca o terá, e nada do que eu diga mudará isso. Bom senso à parte, o trunfo mais importante nos negócios é o senso de humor, ou seja, a capacidade de rir de si mesmo ou de uma situação.

O humor é o artifício mais potente e construtivo para acabar com a tensão nos negócios, e esse artifício deve estar sob o seu controle. Se for capaz de apontar o que é engraçado ou absurdo em determinada situação ou conflito, de dissipar a tensão fazendo com que a outra parte compartilhe desse sentimento, sua vantagem é garantida. Há pouquíssimas verdades absolutas no mundo dos negócios. Essa é uma delas, e eu nunca a vi falhar.

John Kennedy provavelmente sabia disso melhor do que qualquer pessoa. Com um senso de humor que, muitas vezes, era tudo que lhe

FORMANDO IMPRESSÕES | 51

restava, ele desarmou o Congresso e uma imprensa hostil. Desde Kennedy, nenhum outro presidente conseguiu fazer o mesmo.

A longo prazo, o senso de humor cria uma impressão muito favorável. Um único comentário autodepreciativo brincalhão pode informar que você não se leva muito a sério, e esse é o tipo de coisa de que as pessoas se lembram. O bom humor também é a melhor maneira de começar uma reunião. Você não precisa que todos se acabem em gargalhadas, mas uma observação bem-humorada no início criará a atmosfera adequada para tudo o que virá na sequência. Por fim, o humor recupera a perspectiva, o que, depois de vindos os lucros, é a coisa mais fácil de perder no mundo dos negócios.

Muitos anos atrás, a Ford passou por um período em que os contadores literalmente assumiram o controle da empresa e começaram a fechar fábricas sem critério algum para reduzir custos. Eles já haviam conseguido fechar unidades em Massachusetts e no Texas e pareciam saborear esse poder recém-adquirido. Robert McNamara, presidente da Ford na época, então convocou uma reunião com seus principais executivos para discutir um parecer que ele recebera a respeito do fechamento de mais uma fábrica. Todos eram contra, mas as previsões dos contadores eram tão pessimistas que ninguém estava disposto a se manifestar.

Finalmente, um veterano da Ford, um sujeito zombeteiro chamado Charlie Beacham, disse: "Por que não fechamos todas logo? Assim a gente economiza de verdade." Todo mundo caiu na gargalhada. Ficou decidido que adiariam outros fechamentos por algum tempo, e logo os contadores de migalhas voltaram a trabalhar para a empresa em vez de administrá-la.

SEJA VOCÊ MESMO

Todo mundo tem, ou deveria ter, certos princípios que são seguidos tanto no âmbito pessoal quanto no profissional. Contudo, mais pecados são cometidos em nome de "princípios" do que de qualquer outra coisa que eu consiga lembrar.

Com frequência, "princípio" é uma palavra conveniente para encobrir um ego ferido. Há muitas pessoas insensíveis e agressivas no mercado e, na minha opinião, existem, sim, ocasiões que justificam perfeitamente certas atitudes em nome de um ego ferido. Mas, não sendo esse o caso, não se trata de uma questão de princípios, e sim de uma espécie perigosa de autoengano.

Por falar em engano, há uma grande diferença entre interpretar um papel e ser um impostor. A diferença deve ser óbvia, mas, se houver alguma dúvida entre atuar e ser você mesmo, fique com a última opção.

É claro que há muita dramatização no mundo dos negócios. Se você exibir o seu verdadeiro eu o tempo todo, não terá muitos resultados. A chave é descobrir a sua melhor versão e interpretar um papel que destaque suas qualidades empresariais e esconda suas limitações.

Autossabotadores clássicos são aqueles que não sabem a diferença entre polidez e honestidade. Todo mundo já ouviu o chavão: "Honestidade nem sempre é a melhor política." Eu acho que isso mais atrapalha do que ajuda, pois sugere que não é um problema mentir em âmbito profissional de vez em quando. Seria mais adequado, e mais acertado, dizer: "A honestidade pode ser atenuada." Ou seja, podemos ser verdadeiros sem sermos ofensivos nem autodestrutivos.

O outro extremo é ter pressa para agradar. Já vi pessoas entrarem na onda do "deixar rolar" e em pouco tempo começarem a dizer coisas que não podem comprovar e a fazer promessas que não poderão cumprir. Não honrar uma promessa é sinal de falta de autoridade, e a impressão que isso passa é de fraqueza.

REGULE AS SUAS EMOÇÕES

Nenhum de nós pode se dar ao luxo de fazer uma coisa de cada vez, e é muito fácil que as emoções relacionadas a uma atividade contagiem outra. Se um grande negócio acabou de dar errado, é difícil não transmitir a decepção à próxima pessoa com quem você interagir. Ou, se você estiver se sentindo incomodado, sua impaciência ou irritação podem aflorar em uma reunião ou ligação.

Compartimentar nossas emoções é uma daquelas coisas fáceis de falar, mas muito difíceis de colocar em prática. Descobri uma solução parcial: dividir os meus dias e semanas de forma funcional — respondo cartas pela manhã, retorno ligações à tarde, limito as reuniões a determinados dias e assim por diante.

FORMANDO IMPRESSÕES | 53

Também é importante se obrigar a agir em vez de reagir às situações. Por exemplo, raramente atendo ligações, mas sempre as retorno. É muito menos provável que você perca a paciência com alguém se é você quem está ligando do que se é você quem está sendo interrompido pelo telefonema. No fim das contas, saber separar as coisas é, sobretudo, um processo consciente no qual criamos distanciamento emocional entre nós e a situação.

VOCÊ NÃO PRECISA SER PERFEITO

Hoje em dia, não é muito popular, nem mesmo prudente, dizer que você conhece John DeLorean, muito menos que já fez negócios com ele. Eu digo e já fiz. O pecado de DeLorean foi a arrogância, não a incompetência, o que não apaga o fato de que qualquer pessoa que tenha conseguido crescer tão rápido em meio à ferrenha burocracia da General Motors entende bem de negócios.

Conheci DeLorean quando ele já era chefe da Pontiac. Após algumas reuniões (ele tomava decisões instantaneamente), consegui convencê-lo de que a Pontiac deveria patrocinar a equipe de esqui dos EUA, sob um acordo de sete dígitos. Combinamos de nos encontrar semanas depois na agência de publicidade da Pontiac (a MacManus, John e Adams), em Detroit, para acertar os detalhes e fechar o acordo.

Aquela campanha promocional era justamente a que os executivos das agências detestavam. Eles estavam cientes de que DeLorean e eu havíamos acordado a respeito de alguma coisa, mas não sabiam que coisa era essa. Eles sequer tinham certeza de como a agência deles se encaixaria naquilo, se é que se encaixaria.

Eu estava preparado quando o dia da reunião chegou. Em uma ponta da mesa, estava o rebelde de Detroit, um dos homens mais poderosos da indústria automobilística; na outra ponta, estava eu, um jovem empreendedor esportivo de Cleveland. No meio, todos os executivos da MacManus, e, a julgar por suas expressões tensas, eu já dava o negócio como garantido. Estava me sentindo invencível.

O clima da reunião inteira foi estabelecido às 9h01. Ela fora marcada para as nove, e estávamos esperando a chegada de Ernie Jones, presidente da MacManus. DeLorean olhou para o relógio e disse: "Vamos começar."

Quando chegamos aos detalhes da parceria entre a equipe de esqui dos EUA e a Pontiac, eu estava totalmente no improviso. Depois de fazer diversas outras sugestões, comecei um longo monólogo sobre algumas ideias minhas de relacionar a equipe de esqui ao logotipo do indígena, que por muitos anos fora o símbolo da Pontiac. Enquanto falava, notei os olhos de todos se voltarem para DeLorean, que se manteve absolutamente inexpressivo, mas senti pelos outros que eu não estava sendo tão impressionante quanto imaginava e que talvez fosse a hora de calar a boca.

Após um longo silêncio, DeLorean sorriu e disse: "Mark, estou vendo que você realmente pesquisou bastante sobre nós. A Pontiac acabou de gastar pouco mais de 3 milhões de dólares para se livrar do símbolo da cabeça de indígena e desenvolver um novo logotipo."

Ainda assim, acabamos fechando o acordo, mas creio que nunca estive tão mal-preparado para uma reunião quanto naquela ocasião.

Certa vez, ouvi alguém dizer: "Todo mundo se engana. Somente quando um engano se repete ele se torna um erro." Você não precisa ser perfeito, mas deve aprender com as suas imperfeições.

3

LEVANDO VANTAGEM

Levar vantagem é o espírito do jogo dos negócios. É pegar tudo o que você sabe a respeito das pessoas e tudo o que você permitiu que elas soubessem sobre você e usar essas informações para mexer seus pauzinhos e influenciar ligeiramente uma situação a seu favor. É ganhar usando a intuição.

No começo, é preciso fazer a lição de casa, conhecer os jogadores e todos os aspectos possíveis do jogo. No final, trata-se de saber como jogar o jogo em si: descobrir o que as pessoas querem ou convencê-las a terem certo desejo e encontrar uma forma de oferecer isso a elas. A ideia, é claro, é sempre dar um pouco menos do que você recebe em troca.

Acredito fortemente que, em qualquer situação de negócios, existe uma vantagem a ser tirada. Não seja ganancioso, agressivo ou impaciente, mas continue em busca disso. A oportunidade acabará aparecendo, e, quando isso acontecer, esteja pronto para fazer o que for preciso para aproveitá-la.

ESTEJA A PAR DOS DETALHES

Não tire proveito de nada antes de dar uma olhada nos fatos. Sozinhos, eles não garantem a vantagem, mas podem preveni-lo de entregá-la a outra pessoa. A menos que você conheça todos ou a maioria dos dados pertinentes à situação, você estará lidando com um baralho incompleto. Suponha que o fato que você desconhece (talvez porque seja um pouco mais difícil de descobrir) seja justamente aquele que fará a diferença.

Existem muitos atalhos no mundo dos negócios, mas não nesse caso. Faça o trabalho pesado necessário. Reserve um tempo para aprender todo o possível sobre as empresas e as pessoas com quem está lidando. Os dados operacionais, que definem a situação, começarão a surgir.

Há um segundo conjunto de informações que, muitas vezes, devem ser intuídas: são as que surgem da própria ocasião — as coisas que as pessoas dizem e fazem que podem fornecer ideias novas e úteis. Eu já vi, ouvi falar ou estive envolvido em diversas situações de negócios em que o surgimento ou a minha capacidade de percepção de um único dado alteraram por completo a dinâmica ou a tática de tudo o que veio na sequência.

Na primeira vez que tentei vender os direitos de transmissão do British Golf Open Championship nos Estados Unidos, foi exatamente isso o que aconteceu. Eu estava em negociação com o chefe do departamento de esportes de um canal e, quando nos encontramos para fechar o negócio, levei um de nossos principais executivos de televisão. Ele, por sua vez, levou uma pessoa do seu departamento de "assuntos de negócios" (eufemismo para advogados e contadores).

Após alguns minutos, percebi que a reunião não chegaria a lugar algum. O possível cliente, que era quem falava, não estava disposto a abrir mão de nada nem de sair do *script* que ele e seu representante de assuntos corporativos haviam discutido antes da reunião. A presença do meu executivo de televisão, com quem eles lidavam com mais frequência, só piorou a situação. Os dois não queriam ceder a nenhuma de minhas exigências na frente dele.

Esses eram os fatos operacionais, que, de longe, superavam todos os outros. Não importava mais o que eu estava vendendo ou o que eles estavam comprando, tampouco se continuaríamos conversando durante uma semana. Aquela reunião simplesmente não daria em nada, e insistir só pioraria as coisas.

Assim que pude, sugeri que encerrássemos por ali e passássemos mais um tempo pensando em nossas posições. No dia seguinte, liguei para o executivo do tal canal, e, longe da influência de outras pessoas, fechamos um contrato de direitos de transmissão que está em vigor até hoje.

CONHEÇA OS JOGADORES

A principal questão na arte de decifrar as pessoas, seus egos e encontrar pontos fracos, obviamente, é usar essas informações a seu favor, expondo seus conhecimentos aos gatilhos certos.

Por muitos anos, tentei convencer Andre Heiniger, presidente global da Rolex, a patrocinar a instalação de um placar eletrônico e um sistema de cronometragem novos em Wimbledon. Ele achava aquilo um desperdício de dinheiro e igualou o patrocínio da marca em eventos esportivos ao oferecido por marcas mais populares, como Seiko e Timex. Eu sabia que a única chance de convencê-lo era levá-lo até lá, o que finalmente consegui no torneio de Wimbledon de 1979. Estávamos sentados no Royal Box, tomando chá e assistindo ao jogo, quando o vi absorver tudo ao redor: a elegância antiquada do estádio Centre Court, a emoção da partida, a beleza e o charme daquele lugar tão especial.

Quando a partida terminou, Heiniger se virou para mim e fez um gesto lento com a mão na direção do estádio: "Isto é Rolex."

MENSURE A SITUAÇÃO

Depois de estar a par dos detalhes, conhecer os jogadores e analisar todas as implicações, você está apto a mensurar uma situação. Dê um passo atrás e, de antemão, observe as possíveis oportunidades.

Acredito muito no valor de recuar um passo e tirar algum tempo para analisar qualquer acontecimento significativo — bom ou ruim — de uma perspectiva mais ampla. Tenho como conduta corporativa o hábito de me distanciar dos ocorridos. Para mim, isso é tão necessário quanto fazer ligações e participar de reuniões. Talvez não seja algo tão "ensinável", mas certamente é "aprendível", porque eu tive de aprender sozinho. Se todos agissem dessa forma, talvez víssemos o PNB disparar da noite para o dia.

Há vários anos, conheci um empresário venezuelano de petróleo e transportes marítimos chamado Rafael Tudela. Com o tempo, à medida que o conheci melhor, passei a respeitá-lo e admirá-lo. Tudela, um executivo experiente por excelência, me impressiona. Em menos de vinte anos, construiu do zero um negócio de bilhões de dólares. Ele raramente lida com contratos por escrito, porque sua palavra já tem valor suficiente. Ele sempre criou as próprias oportunidades, e seu principal negócio, que é a especulação com petróleo, depende de um processo constante de enxergar oportunidades onde ninguém mais as vê e tirar vantagem disso.

58 | ISSO VOCÊ NÃO APRENDE EM HARVARD

Em outras palavras, Rafael Tudela é um gênio em tirar proveito. Um dos melhores exemplos de como ele compreende os fatos, sabe o que as pessoas querem e descobre uma maneira de oferecer isso a elas é a história de como ele entrou para o ramo do petróleo.

Em meados da década de 1960, Tudela era dono de uma fábrica de vidro em Caracas, mas, sendo engenheiro de petróleo, ele nutria o desejo de seguir a carreira de sua formação. Quando um parceiro de negócios comentou que a Argentina estava prestes a entrar no mercado para comprar um abastecimento de gás butano de 20 milhões de dólares, Tudela foi até lá para tentar fechar o contrato. "Se conseguisse, aí sim eu me preocuparia com de onde tiraria o butano."

Quando ele — um fabricante de vidro sem sócios, sem conexões ou experiências prévias no setor petroleiro — chegou à Argentina, descobriu que sua concorrência era implacável: a British Petroleum e a Shell Oil. Porém, analisando um pouco a situação, Tudela também descobriu outra coisa: a Argentina tinha um excesso de oferta de carne que estava desesperada para vender. De posse dessa informação — sua primeira "vantagem", por assim dizer —, ele, no mínimo, se igualou à Shell e à BP. "Se vocês comprarem os 20 milhões de dólares em gás butano de mim, eu compro o equivalente em carne bovina de vocês", disse ele ao governo argentino. Deu certo.

Então, Tudela viajou para a Espanha, onde um grande estaleiro estava prestes a encerrar as atividades por falta de trabalho. Era uma batata quente política e um problema extremamente sensível para o governo espanhol. "Se vocês comprarem 20 milhões de dólares em carne bovina de mim, eu construo um superpetroleiro de 20 milhões de dólares no seu estaleiro", disse ele. Os espanhóis ficaram em êxtase e mandaram uma mensagem à Argentina pelo embaixador dizendo que os 20 milhões em carne bovina de Tudela deveriam ser enviados diretamente para a Espanha. Mais uma vez, ele encontrou uma vantagem e a agarrou.

A parada final de Tudela foi na Filadélfia, na Sun Oil Company. "Se vocês fretarem o meu superpetroleiro de 20 milhões de dólares, que está sendo construído na Espanha, eu compro 20 milhões de dólares de gás butano de vocês." A Sun Oil concordou, e Rafael Tudela satisfez seu desejo de entrar no ramo de gás e petróleo.

RACIOCINANDO COM RAPIDEZ

Via de regra, dou muita importância a agir em vez de reagir — e, assim, nunca exagerar — em qualquer situação de cunho profissional. A única exceção a isso seria diante de uma vantagem ou oportunidade que deixará de existir se não for aproveitada de imediato.

A necessidade de ser oportunista, de pensar rápido, ressalta, mais uma vez, a importância de estar sintonizado com as pessoas; de ouvir não apenas o que elas estão dizendo, como também o significado maior por trás do discurso. Isso por si só pode dar o sinal da necessidade de uma reação instantânea.

Certa vez, tivemos uma reunião em Chicago com o McDonald's para renovar seu patrocínio ao Campeonato Mundial de Triatlo, que produzimos e transmitimos para eles. À medida que a reunião progredia, embora ninguém tomasse a iniciativa de abrir o jogo, começamos a sentir que eles estavam muito mais resistentes em renovar o contrato do que prevíramos inicialmente. Para começar, eles não estavam satisfeitos com a cobertura internacional. Além disso, o timing era péssimo: pouco tempo antes, o McDonald's se comprometera a construir a piscina para as Olimpíadas de 1984 em Los Angeles, o que vinha ocupando todo o seu investimento promocional.

Ainda assim, sentíamos uma intenção de compra — de se comprometerem com alguma coisa —, mas sabe-se lá quanto tempo ela duraria? Provavelmente nem um segundo a mais do que a própria reunião. Do nada, nosso chefe de vendas para TV comentou que talvez a ideia do triatlo tivesse perdido o sentido e que deveríamos estar pensando em um evento semelhante, porém inédito: um campeonato internacional de salto ornamental a ser realizado anualmente na nova piscina do McDonald's.

Graças à capacidade desse executivo em entender que a conversa estava azedando, em vez de sairmos dali com um fracasso, saímos com um contrato.

COMO TER SORTE

Como diz o ditado, "sorte é o resultado da dedicação". Nas palavras de Gary Player: "Quanto mais eu treino, mais sorte eu tenho."

Ao longo dos anos, tivemos bastante sorte, mas também soubemos tirar proveito disso em vez de esperá-la vir até nós. Essa é, com certeza, a principal diferença entre aqueles que são "afortunados" nos negócios e aqueles que não são. O grupo dos "naturalmente sortudos", diante da menor rachadura, é capaz de transformá-la em uma fenda. O grupo que "nunca tem uma chance" não enxergaria a oportunidade mesmo que ela estivesse na cara deles.

"Ter sorte" consiste principalmente em reconhecer quando você a tem. Saber como transformá-la em vantagem é a parte mais fácil. Considere, por exemplo, a boa sorte do Sr. Goodfather.

O Sr. Goodfather (esse é o nome dele de verdade) é um horticultor que rega e cuida das plantas de escritórios de diversas empresas em Cleveland, incluindo a Jones and Laughlin Steel. Um belo dia o Sr. Goodfather descobriu que a Eaton Corporation, outra grande empresa da região — e uma grande cliente da Jones and Laughlin —, estava se mudando para o mesmo prédio, então ligou para a Eaton para oferecer seus serviços a eles. Quando pediu para falar com a pessoa responsável pelo escritório, foi erroneamente encaminhado à pessoa que realmente estava no comando: Del DeWindt, presidente e CEO da Eaton.

"Eu cuido de todas as plantas* da Jones and Laughlin Steel", disse o Sr. Goodfather. "Gostaria de falar com alguém do setor na sua empresa." Na manhã seguinte, vestindo seu uniforme e uma boina com a sua marca registrada, o Sr. Goodfather foi conduzido a uma sala de reunião para se reunir com diversos executivos de alto escalão da Eaton, todos munidos de seus documentos relativos à Jones and Laughlin.

Depois que a confusão foi esclarecida, todos riram muito e esse poderia ter sido o fim de uma história muito engraçada e sem sentido se, antes de sair, o Sr. Goodfather não tivesse se virado para um dos executivos e dito: "Agora, quanto às suas plantas..."

Ele havia conseguido mais um cliente.

TRANSFORME CRISES EM OPORTUNIDADES

Temos a tendência de enxergar crises apenas como desastres em potencial. No entanto, durante esses momentos as pessoas estão mais nervosas e agitadas do que o normal e essa vulnerabilidade pode servir como uma grande vantagem.

---

* A confusão se dá porque, em inglês, plantas = fábricas. [N. da E.]

Um tempo atrás, um cliente extremamente importante nos ligou em pânico. Um de seus maiores licenciados decidiu não seguir sua orientação, o que resultaria na possível perda de uma renda de sete dígitos e de uma exposição considerável. O nosso responsável por esse cliente também entrou em pânico, mas, quando a situação chegou até mim, ele já havia conseguido um contrato ainda melhor para repor o perdido.

Parecia uma boa notícia. Acontece que o cliente em questão estava nos pagando muito menos do que valemos. Sendo um cliente prestigiado, ele havia tirado vantagem disso durante a elaboração do contrato de representação jurídica.

Se o nosso executivo não tivesse resolvido a crise tão rapidamente, eu teria aproveitado a oportunidade para explicar algumas coisas para esse cliente: sim, foi muito ruim a desistência do licenciado; sim, seríamos capazes de substituí-lo, mas apenas com muito tempo e esforço e talvez um favor ou dois (o que realmente aconteceu). Depois, eu teria conversado sobre um reajuste em nossos honorários, para ver se enfim ele nos pagaria o que valíamos desde o início.

Eis uma das melhores regras que conheço: durante uma crise ou à iminência dela, *não reaja*. Diga apenas que vai pensar. Dê alguma desculpa, mas não responda. Só depois de avaliar os potenciais desdobramentos da crise, tanto de oportunidade quanto de desastre, você estará pronto para responder. Essa pausa no mínimo vai lhe proporcionar clareza de pensamento para lidar com a situação e, se você souber usar a inteligência e se mantiver inabalado, o momento poderá oferecer uma vantagem muito interessante.

APRENDA A ESPERAR

As pessoas que trabalham comigo geralmente ficam maravilhadas com a minha capacidade de lidar com más notícias. Mas eu nem sempre fui assim e, embora não tenha aprendido a gostar de notícias ruins, aprendi a encará-las. Elas raramente são tão ruins quanto parecem à primeira vista, assim como a maioria dos desastres no mundo dos negócios. Ao longo dos anos, aprendi (e ainda sigo aprendendo) a importância da paciência e o quanto sua falta pode vir a ser destrutiva.

Ainda me parece incrível como a simples passagem do tempo é capaz de mudar uma situação por completo, resolver problemas, tornar outros problemas insignificantes, apaziguar conflitos e acrescentar perspectivas totalmente novas. "Tudo o que vai, volta" deveria ser tatuado no peito de todo jovem hiperativo ingressando no mercado.

O que isso tem a ver com tirar vantagem? Tudo. Oportunistas são como um felino na floresta à espera da presa. Aprender a esperar, a ser paciente, é uma ferramenta com tantas aplicações e implicações que é difícil dar um ou dois exemplos sem banalizar sua importância. Eu diria, porém, que, em vinte e poucos anos de atividade, 90% de nossos sucessos, por algum motivo, envolveram a necessidade de ter paciência, e que 90% de nossas falhas em parte foram causadas por agir com pressa.

Um tempo atrás, mediamos a renovação do contrato de Herschel Walker com o New Jersey Generals, que, em dólares, figura como a maior da história dos esportes coletivos. O simples fato de termos sido nós os responsáveis por isso é uma prova de paciência.

Estávamos prontos para assinar com Herschel havia dois anos e, após diversas reuniões com Vince Dooley, seu treinador na Universidade da Geórgia, estávamos certos de que daria certo. No início de 1983, recebi uma carta de Vince agradecendo a nossa paciência (!) e sugerindo um horário apropriado para uma reunião com Herschel. Recebi essa carta no mesmo dia em que os jornais noticiaram que Herschel assinara um contrato profissional na liga universitária.

Nossa divisão de esportes coletivos ficou arrasada. Argumentei que não sabíamos de todas as informações, que tanto Herschel quanto Vince haviam ficado impressionados com a nossa abordagem e que o contrato em questão era de apenas dois anos. Com um pouco de paciência, poderíamos voltar a ouvir falar de Herschel Walker e frisei categoricamente que aquela não seria a última vez que ele ouviria falar a nosso respeito.

Doze meses depois, Herschel virou nosso cliente.

DISCIPLINE-SE

Há uma grande lacuna entre a quantidade de executivos verdadeiramente experientes e de executivos que acham que são. Os responsáveis por essa discrepância numérica costumam ser encontrados definhando em um nível de gestão entre o médio e baixo, geralmente culpando a tudo e a todos, exceto a si mesmos, por não progredirem. A ironia é que muitos deles são bastante perspicazes, intuitivos, até.

Seus instintos, no entanto, não são afiados, e eles acabam sempre fazendo mau uso das impressões que colhem subjetivamente. No fundo, eles sabem o que deve ou não deve ser dito e quando devem ou não devem se manifestar, porém são incapazes de se conter e sempre deixam escapar alguma indiscrição. Ou, então, não conseguem segurar a necessidade de falar tudo que pensam, mesmo quando sabem que não é do próprio interesse dizê-lo. São sinais, é claro, de falta de maturidade profissional, um mal que aflige tanto pessoas de quarenta, cinquenta e sessenta anos quanto de vinte e trinta.

Quando uma situação de negócios pede discrição, como você classifica o seu comportamento? Quando uma observação bem-humorada ou conciliatória poderia acalmar uma negociação, o quanto a sua influência foi tranquilizadora? A próxima vez que estiver pronto para agir por impulso, quão bom você será em se conter?

Com que eficiência você usou o que sabe a respeito dos outros e com que eficiência você controlou o que eles sabem a seu respeito?

4
PROGREDINDO

Um dos melhores espetáculos da Broadway de alguns anos atrás foi uma comédia musical intitulada *Como ter sucesso nos negócios sem tentar de verdade*. O personagem principal era um jovem funcionário que vivia tentando impressionar o chefe. Em uma cena, ele chega ao trabalho alguns minutos antes do expediente e afrouxa a camisa e a gravata, bagunça o cabelo, enche os cinzeiros com guimbas de cigarro e espalha papéis e documentos por todo a sala. Minutos depois, quando o chefe chega, ele encontra esse funcionário "arriado" sobre a mesa, exausto por ter trabalhado a noite inteira. É uma cena engraçada porque, embora seja obviamente exagerada, ela dramatiza os artifícios ridículos de que algumas pessoas se utilizam para progredirem na carreira.

Tendo saído diretamente da área do Direito para abrir o meu próprio negócio, nunca tive o "prazer" de ir crescendo na hierarquia. Mas já observei amigos em outras empresas chegarem ao topo, personalidades esportivas trocarem conquistas atléticas por sucesso no mundo dos negócios e, é claro, na carreira de nossos próprios executivos, muitos dos quais vieram para a IMG, vindo de outras empresas ou direto da faculdade de Direito. Para mim, a estrutura corporativa é apenas mais um local onde é possível observar as pessoas.

Supondo que tenham históricos e capacidades semelhantes, por que algumas pessoas disparam direto para o topo, enquanto outras parecem definhar para sempre no pântano da gestão de nível intermediário?

Acho que a resposta geral está na diferença entre capacidade e eficiência, que consiste em usar tais capacidades para alcançar certos fins e resultados. Pessoas que trabalham apenas com as próprias capacidades não se tornam estrelas. As que se tornam, combinaram suas capacidades com outras qualidades como sabedoria, habilidades interpessoais, compreensão de como o jogo é jogado etc. Frequentemente são pessoas realizadoras e que obtêm bons resultados, mas apenas porque são eficientes ao venderem suas ideias e sua persona dentro e fora da empresa.

Um cliente nosso, John Madden, agora apresentador esportivo da CBS, durante muitos anos foi treinador do sempre bem-sucedido time de futebol americano Oakland Raiders. Nas temporadas de campeonato, o Oakland tinha um *receiver* de alto nível chamado Fred Biletnikoff.

Certa vez, ao falar de Biletnikoff, Madden disse: "Se ele tivesse jogado apenas no limite das próprias capacidades, jamais teria entrado na NFL. Ele era lento, não era muito grande e chegava a ser até um pouco desajeitado. Eu costumava gritar com ele do lado de fora do campo: 'Não cai, Fred! Não cai!' *Tudo o que ele sabia fazer era pegar passes e marcar* touchdowns."

Ou seja: Fred Biletnikoff era eficiente. Ele sabia como o jogo era jogado, entendia o trabalho em equipe e descobrira, dentro dos atalhos do sistema, os movimentos pessoais que o levariam aonde a defesa não estava. Ele era uma estrela em sua posição.

CONHEÇA AS REGRAS

Subir na hierarquia é um jogo? Com certeza. Na verdade, há vários jogos acontecendo ao mesmo tempo. Se você se importa com a sua carreira, é bom levá-los a sério e jogá-los bem.

Se você é o empregador, deve estar ativamente empenhado em valorizar os verdadeiros talentos e não se deixar enganar pelas aparências. Se você é o funcionário, precisa descobrir uma maneira de, sem criar inimizades com quem está no nível intermediário, fazer com que os que estão realmente no comando percebam o quanto você é bom.

Pode ser uma tarefa complicada. Para que os seus superiores notem os seus talentos, você deve ser capaz de galgar vários degraus. Ao mesmo tempo, precisa fazer com que os profissionais intermediários pensem que, ao apoiá-lo e ajudá-lo a subir até o topo, eles serão mais bem-vistos como gestores. Você também deve impedir que esses gerentes de nível intermediário (que estão preocupados com seus próprios interesses) o sufoquem ou se apropriem de suas contribuições.

Nesse ínterim, é necessário manter a amizade dos colegas e o apoio dos subordinados. Mais do que complicada, a tarefa pode ser bastante desagradável e é uma das principais razões pelas quais muitas pessoas se desmotivam da construção de carreira em uma empresa.

Progredir é uma daquelas preocupações reais do cotidiano profissional, para as quais nenhum livro é capaz de prepará-lo. Um MBA — uma graduação ou qualquer outro diploma — pode ser a sua porta de entrada. Contudo, uma vez lá dentro, você precisará encontrar uma forma de mostrar seu verdadeiro valor. Você consegue manter uma boa imagem sem necessariamente prejudicar a imagem de outra pessoa? Você consegue jogar o jogo sem politicagem?

Acredito que a resposta seja sim, mas o primeiro passo é conhecer as regras e as duras realidades que influenciam as relações dentro da estrutura corporativa. Elas variam amplamente de empresa para empresa, mas três regras gerais me vêm à mente.

Regra 1: A sobrevivência do mais apto

O darwinismo influencia quase toda estrutura piramidal, e as empresas não apenas não fogem à regra, como provavelmente são o melhor exemplo disso. Existem menos presidentes que vice-presidentes, menos vice-presidentes que gerentes e assim por diante. Isso significa que, por mais sutil que seja, há um antagonismo natural entre os diferentes níveis de gestão, entre as diferentes camadas da pirâmide. Um amigo se referiu a isso em sua empresa altamente adepta a essa política como uma "cadeia alimentar".

Regra 2: Seus colegas são seus aliados naturais

Fico surpreso com a quantidade de vezes que pessoas aparentemente inteligentes falham em reconhecer esse fato. Alienando seus colegas, você não precisará de nenhum outro inimigo dentro da empresa.

Regra 3: Sempre existe um sistema

O "sistema" pode não ser muito desejável, pode nem mesmo funcionar, mas todas as empresas têm um. Para progredir, é necessário conhecer o sistema que opera na sua e entender como usá-lo. Essa é a única maneira de trabalhar dentro, através ou ao redor dele.

CAUSANDO IMPRESSÕES A LONGO PRAZO

Quase tudo o que foi mencionado sobre causar impressões no Capítulo 2 se aplica ao progresso dentro de uma empresa, com um grande acréscimo: você estará sendo julgado internamente a longo prazo.

Isso dá menos valor ao cálculo do que ao desenvolvimento contínuo de uma rede de apoio de amigos e aliados. Você pode arranjar um mentor fora da empresa com algumas conexões bem colocadas, alguns encontros ocasionais oportunos. Mas a mentoria obtida dentro da própria empresa é uma proposta que se renova de semana a semana, mês a mês.

O longo prazo também significa que suas grandes vitórias e derrotas — qualquer sucesso, qualquer fracasso — não são tão significativas quanto você imagina. Você já ouviu alguém dizer, em tom de reclamação, "A atitude dessa empresa se limita a 'O que você fez por mim ultimamente?'"? Acho que essa é uma atitude perfeitamente legítima, porque tudo dentro do âmbito profissional faz parte de uma troca: se uma operação sua, ou até várias em sequência, deu errado, você não imagina que vá ser demitido por isso, certo? Por outro lado, se você apostar repetidas vezes em um mesmo acerto, as pessoas começarão a se perguntar o que mais você tem além disso.

Ser julgado a longo prazo também valoriza mais a paciência, a espera pelo momento certo para dizer ou fazer alguma coisa, a consciência de quando se expor e quando se esconder.

Dentro de uma empresa, o mais comum é que você seja "descoberto". É possível que você revele o seu eu verdadeiro, e suas fraquezas e forças provavelmente virão à tona. Como resultado, você perceberá que "é progredindo que se progride".

A SÍNDROME DO ME-AME-COMO-SOU

Algumas pessoas são muito boas no que fazem, mas têm muito orgulho em exibir suas fraquezas tanto quanto seus pontos fortes.

Temos um funcionário, um executivo bem mais velho, que é um ótimo gerente. Ele é um incentivador, tem a lealdade de sua equipe e lida com várias atividades ao mesmo tempo. Mas ele tem duas grandes fraquezas: tende a se intrometer e fala demais. O que me incomoda é que ele está ciente dessas fraquezas e parece fazer questão de exibi-

68 | ISSO VOCÊ NÃO APRENDE EM HARVARD

-las, como se fossem dois privilégios que ele conquistou. Ele é eficaz e sempre terá emprego, mas esses hábitos o limitam em outros níveis.

Os praticantes dessa síndrome (sou-assim-e-não-vou-mudar) parecem enxergá-la como um sinal de segurança quando, na realidade, é exatamente o oposto.

APRENDA TRUQUES NOVOS

Temos um funcionário que está sempre arrancando a vitória das garras da derrota. Não importam as circunstâncias, ele age como se fosse o fim do mundo, como se apenas um milagre pudesse ajudá-lo a resolver tal problema. Quando ele "milagrosamente" dá conta, crê ser bem-visto pelos superiores, como se o problema jamais fosse ter sido resolvido se não fossem seus atos heroicos de última hora.

Tínhamos outro funcionário, que não trabalha mais conosco, que estava sempre arrancando derrota das garras da vitória — ou ao menos era isso que fazia parecer. Todos os anos, suas projeções de receita anual eram extremamente promissoras, quase 100% acima do que realmente viríamos a faturar. Durante o ano, é claro, isso passava a imagem de que ele não era muito bom no que fazia, como se estivesse pisando na bola com frequência. Mas o efeito cumulativo foi ainda pior: começamos a descontar 50% de quase tudo o que ele dizia ou fazia.

Outro truque ruim que observei em nossa empresa são os executivos que literalmente "se apossam" de seus clientes ou consumidores. Como empregador, considero que a superproteção dessas relações é um sinal de que eles têm pouca capacidade de delegar e não entendem como a nossa empresa — na verdade, a maioria das empresas — está estruturada ou como as suas engrenagens a fazem funcionar. Embora eu não duvide das habilidades de vendas de alguns desses executivos, tenho minhas dúvidas sobre suas aptidões gerenciais.

Posso pensar em mais cem exemplos como esses — do executivo que sempre tem uma desculpa tão esfarrapada que acha que não será questionada até o que me diz que, se eu quiser que ele seja eficiente fora da empresa, não posso esperar que ele faça o que deve ser feito dentro dela. A questão é que as pessoas tendem a desenvolver certos "truques" ou padrões de desempenho que julgam ser admirados pelos superiores ou que os fazem parecer indispensáveis. No entanto, muitos desses padrões são tão transparentes e, a longo prazo, tão previsíveis, que tendem a ter o resultado oposto.

Uma vez que a natureza e a personalidade das empresas variam, a melhor forma de descobrir "novos truques" (ou seja, truques que funcionam), penso eu, é observar pessoas que foram promovidas rapidamente. Em ambientes mais informais, por exemplo, você não encontrará nenhum funcionário estelar que não tenha a informalidade como parte de sua *persona* corporativa. Em nossa empresa, que, na verdade, é um grupo de doze empresas espalhadas pelo mundo, valorizo muito a cooperação e a comunicação interna. Os executivos que foram mais longe descobriram esse "truque". Eles foram capazes de alcançar seus objetivos específicos respeitando os objetivos gerais da empresa, criando uma boa imagem do próprio departamento e ajudando os demais a fazerem o mesmo.

Recue um passo e observe alguns dos seus "truques". Talvez você descubra que a sua estratégia não é tão favorável quanto pensava.

Não seja previsível. Não dê aos seus superiores a chance de dizer "Lá vem fulano com seus velhos truques".

TRÊS FRASES DIFÍCEIS DE DIZER

As pessoas dirão certas coisas acreditando, equivocadamente, estar passando a impressão certa e, pelo mesmo motivo, errarão em não dizer outras.

Há três frases difíceis que me vejo falando com muita frequência e a maioria dos executivos de alto escalão com quem lidei sabe como e quando usá-las.

"Eu não sei"

É incrível como as pessoas têm medo dessa frase. Elas pensam que, ao usá-la, parecerão de certo modo incompetentes. Quando apertei a mão de Arnold Palmer pela primeira vez, disse a ele que só podia garantir duas coisas: um, se eu não soubesse alguma coisa, eu diria; dois, eu encontraria alguém que soubesse.

Provavelmente tenho mais conhecimentos hoje do que tinha há vinte anos, mas ainda vivo falando "eu não sei". Digo isso até quando não é verdade, às vezes para obter mais informações ou comparar versões do que já é "sabido", mas principalmente porque acredito que ser autodepreciativo é quase sempre mais eficaz do que ser sabichão. Mesmo quando você tem uma opinião formada, geralmente é melhor suavizá-la, admitindo a possibilidade de que você não é onisciente: "Eu não sei, mas me parece que..."

A incapacidade das pessoas de dizer "eu não sei", mesmo em situações sociais inocentes, pode fornecer uma pista sobre sua postura profissional. Adoro vê-las se contorcendo ao tentar blefar durante uma conversa. O que essas pessoas não percebem é que, ao não admitir nossa ignorância, levantamos suspeitas sobre o que de fato sabemos.

"Preciso de ajuda"

Em geral é por medo de parecerem incompetentes que as pessoas hesitam em pedir ou aceitar ajuda. Se refletissem um pouco, perceberiam que o sistema foi feito justamente para isso, para que possamos ajudar e ser ajudados. O pressuposto da lógica corporativa é que certas tarefas — e a eficácia na realização delas — às vezes são melhor executadas em equipe do que individualmente. Existe um tipo de executivo que insiste em ser o "Resolvedor Solitário". Por medo de não ficar com todo o crédito, ele não vai propor acordos nem envolver terceiros. Mas quase sempre tanto ele quanto a empresa obteriam resultados muito melhores fazendo uso das diversas habilidades disponíveis no conjunto de uma equipe.

Dispensar ajuda é ter a mente fechada. Toda vez que a solicitamos, aprendemos coisas novas, expandimos nossos conhecimentos, nossa experiência e nosso valor para a empresa, além de demonstrarmos o desejo de trabalhar em equipe. Há limites, é claro. Fazer o mesmo pedido repetidamente pode indicar certa dificuldade de aprendizagem. No entanto, sobretudo em ambientes competitivos, quase sempre as pessoas preferem não pedir ajuda a pedir demais.

Igualmente importante é saber como ajudar quando solicitado (no caso de pessoas que não sofram do mesmo tipo de paranoia empresarial que afeta o Resolvedor Solitário). Pessoas resistentes em compartilhar conhecimentos, contatos e segredos comerciais com colegas de empresa não terão uma rede de apoio sólida quando precisarem.

Ajudar e se permitir ser ajudado são atitudes que serão lembradas e valorizadas por qualquer gestor esclarecido. Não há nada de errado em ter interesses próprios ou mesmo egoístas. Na verdade, toda empresa bem administrada tem seu modo de combinar os interesses pessoais dos funcionários com os seus. Mas lembre-se de que sacrificar estes por aqueles limita a sua eficiência e isso será notado.

"Eu errei"

Recentemente, o presidente de uma empresa de médio porte me contou que estava frustrado com a postura conservadora de seus gestores. "Eles vivem com medo de errar", disse ele.

Há uma filosofia do mundo corporativo que assino embaixo: se você não erra, não está se esforçando o bastante. Para progredir no mundo dos negócios, é preciso testar limites constantemente. Isso significa que haverá muitos erros. Bons executivos acertam na maioria das vezes, mas também sabem quando erram e não têm medo de admitir. Pessoas inseguras com as suas habilidades são as que têm mais dificuldade, pois não percebem que errar e reconhecer o erro são duas coisas totalmente distintas. Não é o erro em si que deixa uma marca duradoura, mas sim o modo com que ele é tratado.

Essas pessoas estariam muito melhor e seriam muito mais bem-vistas pela gestão se fossem capazes de admitir erros e seguir com o barco em vez de desperdiçar o tempo de todos tentando racionalizá-los, encobri-los ou transferir a culpa para alguém ou para alguma coisa. Já vi executivos muito competentes se empolgarem com os próprios erros. Eles acham que, ao errarem em algo, podem aprender a fazer certo e mal podem esperar para tentar outra vez.

A capacidade de dizer "eu errei" é essencial para o sucesso, porque é catártica. Ela permite que esses executivos bem-sucedidos sigam em frente, deixem os erros para trás e passem para outras coisas que podem contribuir com o seu próximo grande sucesso.

CONFIANÇA

Obviamente, nenhum empregador contrataria alguém em quem não confia. Mas acho que, em qualquer empresa, funcionários com bom senso e de caráter sólido são mais confiáveis do que outros.

De tempos em tempos, preciso lidar com pessoas que tendem a "encaixar" os fatos em sua versão da realidade e a relatar menos do que

72 | ISSO VOCÊ NÃO APRENDE EM HARVARD

realmente sabem ou apenas o que querem que você saiba. Para mim, é interessante constatar o quanto essas pessoas são consistentes.

Por exemplo, como percorro cerca de 400 mil quilômetros por ano, tenho uma boa ideia de quanto custa uma viagem e imagino que meu conhecimento seja bastante óbvio para quem trabalha comigo. No entanto, os funcionários que suspeito estarem agindo de má-fé são sempre os que tendem a esticar os gastos com viagens, arredondá-los para uma casa decimal acima e pegar táxis demais.

Se suspeito que alguém não está sendo sincero, peço um ou dois relatórios de despesas. Eles funcionam como um soro da verdade e são uma boa forma de decifrar pessoas. Eu nem sempre reviso esse material, mas costumo consultá-los sutilmente na hora da revisão de salários.

É interessante observar quem sempre se hospeda nos melhores hotéis e come nos melhores restaurantes, mesmo quando jantam sozinhos. Isso diz algo sobre o tipo de *ego trip* em que estão envolvidos. Além disso, em nosso ramo de atuação, no qual os lugares glamourosos são a regra, não a exceção, é possível identificar quem planeja férias durante "viagens de negócios" e quem se esforça ao máximo para evitar essa impressão.

As pessoas não gostam de se sentir enganadas, e ninguém vai apoiar o crescimento de um subordinado que age de forma misteriosa e é sempre esperto demais em benefício próprio. Se você acha que a única maneira de progredir é enganando as pessoas para quem trabalha, é melhor que seja muito bom em esconder isso, porque, a longo prazo, existem diversas maneiras de ser desmascarado.

LEALDADE

A lealdade é outro pilar da confiança. Mas quase sempre as pessoas não percebem a importância dessa atitude no âmbito profissional e trocarão sua lealdade por ganhos muito pequenos ou por um objetivo medíocre. É claro que, se você acha que outra empresa está prestes a lhe fazer uma oferta irrecusável, seria loucura não ir atrás. Mas, se você não pretende sair, deve ter muito cuidado em como aproveitar outras oportunidades.

As pessoas não gostam de ser enganadas e tampouco gostam de ser ameaçadas. Ameaçar sua gestão com a possibilidade de procurar outro emprego só prejudica você mesmo. Na verdade, você estará comunicando que não valoriza muito a lealdade e, ainda pior, que sequer tem resultados para mostrar por sua atitude. Você perderá algo importante sem ganhar nada em troca. Nunca fiquei bem impressionado com alguém me dizendo que chamou a atenção de um *headhunter*.

Se tiver recebido outra oferta de trabalho, mas quiser permanecer na empresa em que trabalha, enfatize a importância da sua lealdade. Em vez de dizer "Eles me ofereceram tanto. Ou você iguala ou cobre essa oferta, ou vou embora", é muito mais eficiente usar palavras ligeiramente diferentes: "É claro que sou leal à empresa. O que você acha possível fazer para que eu não precise aceitar esse outro emprego?"

C.A.D.A.I.

Todo mundo tem um chefe: desde o presidente dos Estados Unidos, que pode ser demitido a cada quatro anos, até o presidente do conselho diretor, que deve satisfazer os acionistas ou a matriz. E, goste você ou não, seu chefe irá julgá-lo por esses três critérios.

Comprometimento
Se você não se sentir totalmente comprometido com o seu trabalho, não deixe que o seu chefe descubra seu segredinho.

Atenção aos detalhes
As grandes pisadas na bola sempre vêm à tona e são psicologicamente exorcizadas. São os pequenos deslizes, pequenos demais para serem mencionados — um relatório que sumiu, uma falha na execução de uma tarefa simples —, que aumentam a irritação e o ressentimento.

Acompanhamento imediato
Por mais insignificante que isso possa parecer, nada impressiona tanto.

NÃO USE O ESCRITÓRIO PARA AUTOAFIRMAÇÕES

Hoje em dia, as pessoas são tão focadas na própria carreira que isso não é tão problemático quanto era antigamente, mas ainda me incomoda ver as pessoas usando o escritório como uma espécie de fórum pessoal.

74 | ISSO VOCÊ NÃO APRENDE EM HARVARD

Isso pode abarcar diversas atitudes; desde as escolhas de vestuário à recusa em aceitar ou participar de um novo sistema por julgá-lo "perda de tempo"; desde definir o próprio horário a atender ao próprio ego. Se autoafirmar no ambiente profissional é uma questão delicada. O truque é se adaptar — saber quando se misturar — ao mesmo tempo que se destaca. Separe as questões pessoais das questões profissionais. Afirme-se apenas quando a ocasião for adequada.

NÃO MUDE O SISTEMA; TRABALHE DENTRO DELE

As empresas nunca funcionam de acordo com os seus organogramas. Elas são compostas por pessoas, personalidades, politicagem e jogos de poder, coisas que não podem ser conectadas por linhas sólidas ou pontilhadas. É importante conhecer o sistema para trabalhar dentro dele. Muitas pessoas perdem tempo tentando lutar contra ele. As melhores e mais brilhantes aplicam o tempo aprendendo a usá-lo.

Toda empresa tem o seu organograma secreto e o próprio sistema é a melhor pista para descobri-lo. Se entender como esse sistema deve funcionar, você entenderá como ele *de fato* funciona. Quem toma as decisões? Quem está em alta e quem não está? Quais são os atalhos e onde ficam as portas dos fundos? Como as coisas realmente são feitas?

Não acho que a politicagem seja uma ferramenta necessária para progredir. Já reparou como as pessoas que reclamam das políticas da empresa são sempre as vítimas? Por outro lado, penso que é necessário fazer amizades. Mais do que necessário, essencial. Para ser eficiente é preciso estabelecer relações duradouras dentro e fora da empresa. E quanto maior for a empresa, mais importante isso se torna.

Mais uma vez, veja seus colegas como aliados, não como concorrentes. Se você conseguir surfar na onda dos peixes grandes da empresa, crescerá junto com eles.

COMO FACILITAR AS COISAS PARA SI MESMO FACILITANDO AS COISAS PARA OS OUTROS

Tínhamos um executivo em Nova York que sempre reclamava do departamento jurídico em Cleveland. Ele dizia que o tempo que levavam para redigir ou assinar os seus contratos prejudicava sua eficiência. Eu estava ciente da situação, e ele provavelmente se queixava com propriedade. O problema é que nosso jurídico tinha uma série de prioridades e esse executivo nem sempre estava no início da fila. Na verdade, ao reclamar e esbravejar o tempo todo, ele praticamente garantia o final dela.

Certo dia, o chefe do jurídico puxou esse executivo para um canto e disse: "Vou te mostrar como trabalhar com advogados, ok? Na próxima vez que um contrato chegar, revise-o e então, antes de enviá--lo, anexe um memorando listando todos os problemas que você encontrou e como recomenda que sejam corrigidos. Vamos ver se isso acelera o processo. Caso contrário, tentaremos de outra forma." Não preciso dizer que nunca houve a necessidade de tentar de outra forma.

Sempre que precisar de algo de outro departamento, pergunte-se: "O que eu posso fazer para facilitar as coisas para eles?" Se você quer informações de vendas, não insista em falar apenas com o gerente de vendas; pergunte a ele para quem você poderia ligar. Também é importante conferir se o departamento está ciente da questão antes de exigir uma resposta. Demonstre às pessoas que você quer trabalhar com elas, em vez de agir como se elas trabalhassem para você, e verá que, quando precisar do apoio daquele grupo, o receberá.

ESCOLHA OS SEUS ALVOS

A maneira mais rápida de perder credibilidade é explodir com questões pequenas por estar cumulativamente estressado com questões maiores. Essa é a versão corporativa de pedir o divórcio porque seu cônjuge aperta a pasta de dente pelo meio do tubo. Todos estamos suscetíveis a explosões, mas elas também revelam imaturidade e falta de bom senso. Além disso, a maioria das empresas não tem tempo de colocá-lo na análise para descobrir quais são seus verdadeiros problemas.

Todo novo trabalho, em qualquer nível, oferece uma certa quantidade de créditos. Seu discernimento sobre quando — e para quê — usar essas fichas aumentará os seus ganhos ou o obrigará a procurar outro jogo.

ESCOLHA ONDE SE POSICIONAR

Um desempenho eficiente é diretamente proporcional à capacidade de projetar o próprio trabalho. "Como e onde posso causar o maior impacto no menor tempo possível?" No entanto, muitas pessoas parecem tomadas por um medo de ficar de fora. Elas querem participar de cada comitê, de cada reunião. Certa vez, marquei um almoço em Nova York com vários executivos que eu não via há algum tempo. Logo depois, fiquei sabendo que aquele encontro despretensioso tinha sido chamado de "o comitê do almoço", e que muita gente ficou realmente chateada por não ter sido "convocada"!

A maquiagem intracorporativa é um fato inegável da vida empresarial. Embora comitês e reuniões ajudem a trazer visibilidade dentro da empresa, é preciso escolher onde se posicionar. Potencialize sua participação em reuniões e suas nomeações para comitês. Procure aqueles com quem você tem mais a ganhar e evite aqueles com quem você pode contribuir menos. Quando vejo um mesmo rosto em todas as reuniões, começo a me perguntar em que momento aquela pessoa trabalha.

O QUE VOCÊ FAZ ALÉM DE SUAS ATRIBUIÇÕES

Os projetos que as pessoas assumem para além de suas atribuições cotidianas — ou seja, aqueles que não foram designados — são os maiores responsáveis por crédito e reconhecimento.

Os cargos que as pessoas ocupam existiam antes de sua chegada e continuarão a existir depois que se forem. O cargo é a constante. O que você faz além de suas atribuições é o que será notado. A maioria dos cargos é três quartos funcional, ou seja, compreende as responsabilidades e os deveres predefinidos, e um quarto é estilo pessoal. O quanto você conseguir esticar esses 25% é o seu grau de destaque em sua empresa.

O QUE VOCÊ ESTÁ FAZENDO AQUI E O QUE OS OUTROS PENSAM QUE VOCÊ ESTÁ FAZENDO AQUI?

Há vários anos, promovemos um executivo ao cargo recém-criado de diretor financeiro de nosso grupo geral de empresas. Cerca de um mês após a nomeação, liguei para o executivo para tratar de um assunto muito urgente, e me disseram que ele estava em Pittsburgh durante o dia, encontrando-se com um tal Mister Rogers.

Pittsburgh? Não me lembrava de termos compromissos bancários ou financeiros por lá. Mister Rogers? O nome não me era familiar,

PROGREDINDO | 77

mas lidamos com centenas de pessoas do setor financeiro, então isso não me surpreendia. Quando, mais tarde naquele dia, consegui falar com o executivo, ele me disse que a sua reunião tinha sido muito produtiva. Perguntei quem era o tal Mister Rogers: "Você sabe, aquele cara do suéter vermelho, do programa de TV infantil."

Eu tive de me perguntar o que meu diretor financeiro estava fazendo em Pittsburgh encontrando-se com um apresentador de programa infantil. Para ser justo, parte das responsabilidades anteriores dele era licenciar produtos e roupas para esse público. Embora eu achasse bastante óbvio que o seu novo cargo era de trabalho em tempo integral, parece que isso não era tão óbvio para ele.

Esse é um exemplo bastante extremo, mas a verdade é que a maioria das pessoas na empresa não tem a menor ideia do que você faz e o restante está trabalhando sob ideias equivocadas. Se você e seu superior imediato fossem chamados a fazer uma lista de suas atribuições, você provavelmente ficaria surpreso com a discrepância.

Por que isso é importante? Que diferença isso faz? Primeiramente, é nesse nível que se origina a clássica "falha na comunicação". Certa vez, ouvi uma frase que achei maravilhosa para descrever algo que muitas pessoas sentem em relação à empresa em que trabalham: "A loucura deles se torna a nossa realidade." Se você e seu chefe estão trabalhando rumo a objetivos diferentes e com prioridades diferentes, não é de se admirar que algumas decisões pareçam surpreendentes, assim como a incapacidade dos outros de verem algo que está nítido para você.

Em segundo lugar, no próprio assunto do avanço na carreira, você pode estar sendo julgado por critérios dos quais nem faz ideia. Por outro lado, você provavelmente está fazendo certas contribuições para a sua empresa que seriam novidade para eles, o que é um grande motivo para as pessoas não obterem reconhecimento.

Troque ideias com o seu chefe. O que ele pensa que você está fazendo ali e o que os outros pensam? Uma vez que concordem com as atribuições, você ficará menos chocado com as suposições.

NÃO ENTRE EM CONFLITO COM O SEU CHEFE

Você até pode vencer a batalha, mas provavelmente perderá a guerra. E, quanto mais certo você estiver, mais danos isso pode causar a longo prazo.

Passamos por um caso, há vários anos, em que um de nossos funcionários entrou em uma discussão acalorada com o chefe. A situação escalou e o funcionário foi orientado a pedir demissão. Diante daquela infelicidade, ele pediu para conversar comigo achando que, depois que eu soubesse de todas as circunstâncias do conflito, eu poderia pedir ao chefe dele para repensar a decisão. Eu disse que ficaria feliz em ouvi-lo, mas que não havia nada que eu pudesse fazer, já que minha maior prioridade era apoiar a estrutura de gestão da empresa. Não importava o quanto o chefe dele pudesse estar errado ou descontrolado, infelizmente, não havia volta.

É claro que a situação não caiu bem para o chefe em questão, mas ele manteve o emprego.

BECOS SEM SAÍDA

Responsáveis pela aquisição de novas empresas raramente vão precisar arregaçar as mangas para administrá-las. Mas, se você é a pessoa a quem eles recorrem em busca de ajuda, certifique-se de não estar entrando em um beco sem saída.

"Acabamos de comprar esta empresa e queríamos que você a gerenciasse"

Você não pode impedir que a empresa faça aquisições estúpidas ou se envolva em negócios nos quais não deveria se inserir. Mas, se possível, evite ao máximo estar em equipes encarregadas de "dar seguimento ao sucesso" ou alavancar uma guinada. Na maioria das vezes, trata-se de uma armadilha.

Em geral, empresas são compradas por um desses dois motivos: ou por serem bem-sucedidas, o que significa que o melhor que você pode fazer é melhorá-la um pouco mais; ou por não serem bem-sucedidas e o comprador acreditar ser capaz de reverter a situação.

Além das razões óbvias, sempre existem razões ocultas pelas quais uma empresa não é bem-sucedida. Às vezes todos os problemas e o que pode ser feito a respeito são sabidos de antemão, mas é raro. De modo geral, só quando já se comprometeu e assumiu a responsabilidade é que você descobre os verdadeiros problemas e pode avaliar se são corrigíveis. Além disso, se assumiu uma posição de gerência em um negócio que não conhece, você já começa em desvantagem. Seus esforços sempre serão malvistos por quem já trabalha na empresa, mesmo que essas pessoas não tenham a capacidade de ocupar o seu cargo.

"Pode parecer um movimento lateral, mas..."
Há versões disso em toda a estrutura corporativa. A mudança lateral, sobretudo se você suspeitar que as habilidades envolvidas não são o seu ponto forte, apresenta um problema duplo. Ou a nova divisão já tem uma boa gestão, o que significa que você nunca receberá crédito; ou tem uma gestão ruim, o que provavelmente fará com que as pessoas acima de você limitem sua eficiência.

"Criamos este novo cargo especialmente para você"
O trabalho não faz muito sentido, você não tem certeza de que funcionará tão bem na prática quanto parece em teoria, mas o salário é melhor, as responsabilidades são maiores... Cuidado.

"Este trabalho realmente exige o talento especial de alguém como você"
Cuidado com qualquer cargo com uma longa lista de cadáveres associados a ele. É melhor conversar com alguns desses cadáveres antes de cavar a própria cova.

ESCOLHA A DIVISÃO INTERNACIONAL
Se eu pudesse escolher o cargo que eu desejaria ocupar em uma empresa que eu não conhecesse muito bem, eu pediria para chefiar a divisão internacional. Em condições normais, é ali que eu poderia causar o maior impacto no menor espaço de tempo.

Dá para contar nos dedos as empresas norte-americanas que estão maximizando todo o seu potencial nos mercados internacionais. De todas as empresas do mundo, as norte-americanas são, de longe, as mais arrogantes e ufanistas. A maior parte de suas divisões internacionais não se incomodou em derrubar barreiras linguísticas e culturais, preferindo declará-las impenetráveis.

Há oito bilhões de pessoas no mundo e menos de 3% delas vivem nos EUA. Entre na divisão internacional da empresa. Dá para ir longe só raspando a espuma do leite.

EXAUSTÃO E TÉDIO

Os psicólogos provavelmente me diriam que sou o principal candidato à exaustão: trabalho muito e, por bastante tempo, estive sob condições extremamente estressantes. Ainda assim, nunca experimentei nada parecido com o desconforto que imagino que esse estado psicológico cause.

No entanto, tomo precauções. Separo um tempo para fazer exercícios, relaxar e repousar, inclusive tirar cochilos no escritório, e me comprometo com esses momentos tanto quanto faria com qualquer outro compromisso comercial. Aprendi a compartimentar minhas emoções, assim como as minhas horas de trabalho. Eu anoto tudo e, após separar essas anotações para que apareçam novamente no lugar e na hora certa, as esqueço. O resultado é que, quando me afasto do trabalho, me afasto também do estresse relacionado a ele.

Acho que um problema muito mais abrangente do que a exaustão é o tédio. Também nunca experimentei longos períodos de tédio, embora, assim como todo mundo, passe por eles de vez em quando.

O tédio ocorre quando a curva de aprendizado se achata. Isso pode acontecer com qualquer pessoa em qualquer nível empresarial. Um dos sinais certos de tédio incipiente é conhecer profundamente seu trabalho ou já saber de cor todos os botões que devem ser apertados. Jamais permito que isso aconteça comigo. Acho que passo o tempo todo redefinindo minhas atividades, assumindo novas tarefas e me colocando diante de novos desafios. Se eu atingir um objetivo, seja pessoal, seja corporativo, ele se tornará um passo no processo de aprendizado em direção a outro objetivo ainda mais ambicioso. Acredito que é assim que as pessoas crescem na carreira e são valorizadas na empresa.

Se você está entediado, a culpa é sua. É você quem não está trabalhando o suficiente para tornar o seu trabalho interessante. Provavelmente é por isso que não lhe ofereceram nada melhor. Descubra o que você gosta de fazer e terá sucesso nisso.

Como ainda acordo às quatro ou cinco da manhã e ainda trabalho de oitenta a noventa horas por semana, mesmo sem precisar, uma das primeiras coisas que repórteres e entrevistadores costumam me perguntar é: "Por que você continua se esforçando tanto?" Eu gostaria de ter uma resposta melhor para dar, mas a verdade pura e simples é esta: porque eu adoro o que faço.

O QUE VOCÊ APRENDERIA SE SUA FUNÇÃO FOSSE SEPARAR A CORRESPONDÊNCIA

Certamente não humildade, tampouco respeito. Também não seria o lugar ideal para conhecer a empresa de dentro para fora ou de baixo para cima. Realizando uma tarefa simples, geralmente aprendemos algo muito importante, e talvez um pouco assustador, a respeito de nós mesmos.

As pessoas que crescem na carreira têm uma necessidade e estão determinadas a desempenhar bem a tarefa, não importa qual ela seja ou quão mundana possa vir a ser. Ou seja, elas executam qualquer trabalho com uma atitude que o transforma em algo maior. Carpinteiros que se tornaram empreiteiros sentiram a necessidade de martelar um prego com mais firmeza e precisão do que qualquer outra pessoa. Garçons que acabaram se tornando donos de restaurantes eram excelentes garçons.

Conheço alguns executivos que, se tivessem começado separando a correspondência, ainda estariam separando a correspondência — e errando os destinatários da maioria.

Parte dois

VENDAS E NEGOCIAÇÃO

5
OS PROBLEMAS DA VENDA

Creio que a maioria das pessoas nasce com espírito de vendedor. Na escola, nós persuadimos nossos colegas a nos aceitar e negociamos notas com os professores. Tentamos convencer nossos pais a nos deixar sair à noite, usar o carro da família ou nos comprarem um novo aparelho de som. Inconscientemente, recorremos a muitos aspectos da venda: o poder da persuasão, a arte da negociação e a tática infalível dos adolescentes de nunca aceitar um não como resposta.

Quando chegamos ao mundo exterior, aprendemos a nos posicionar para conseguir o que queremos, comercializar as nossas habilidades e nos vender em entrevistas de emprego.

Aí acontece algo: esquecemos como vender. Questionamos a nossa própria aptidão. Do nada, as técnicas que usamos a vida inteira se tornam estranhas e misteriosas, como se tivéssemos que as aprender pela primeira vez. Ainda assim, a arte de vender é a prática consciente de muitas técnicas que já dominamos inconscientemente — e é provável que passemos a maior parte de nossas vidas praticando isso.

O problema é que, quando entramos no mundo dos negócios para valer, surge um novo fator. Pela primeira vez, nossos poderes de persuasão e nossas habilidades de vendas serão julgados. Isso pode nos intimidar, e, em resposta, nos convencemos de que não sabemos ou não queremos vender. Então, usamos esses obstáculos mentais para justificar nossa falta de aptidão para as vendas.

Mas as reais problemáticas envolvidas em venda têm pouco a ver com aptidão e mais com a maneira com que percebemos o próprio processo de vender. Algumas pessoas acham que a tarefa está abaixo de sua competência; outras a consideram intrusiva. E quase todos nós tememos ser rejeitados.

Vender não parece importante o suficiente

Um dos maiores problemas que as pessoas têm com as vendas é que elas parecem menos importantes do que eram há vinte anos. Historicamente, o caminho mais rápido para chegar ao topo era através desse canal mas, hoje em dia, as vendas são percebidas como uma habilidade comercial menor. Elas evocam imagens como Willy Loman e o homem da Fuller Brush. Atualmente é mais provável que as pessoas vejam no treinamento de gestão o caminho mais rápido para o topo. Há alguma verdade nisso, é claro, mas supor que habilidades de gerenciamento prescindem de habilidades de vendas é se enganar perigosamente. Ainda não encontrei um presidente ou CEO de uma grande empresa que não se orgulhasse de seus poderes de persuasão — em outras palavras, de sua capacidade como vendedor.

Vender é o que eles não ensinam na Harvard Business School. As faculdades de Administração admitem que o seu objetivo é treinar gerentes, ignorando quase totalmente que a ausência de vendas significa que não haverá nada a ser gerenciado. Isso passa batido por muitos MBAs recém-formados, que, no anseio de administrar uma empresa, podem considerar as vendas em si, suas técnicas e sua arte um conjunto inferior às suas capacidades.

Tivemos muitos MBAs trabalhando em nossa empresa, e descobri que a falta de habilidade para vendas era a maior lacuna em sua formação. Felizmente, a maioria deles aprendeu a vender através da experiência no trabalho. Mas já vi muitos outros que não tiveram a oportunidade e que ainda insistem que conhecimento sobre vendas não é um requisito fundamental em nível gerencial. Isso às vezes é chamado de "falta de jeito", mas a meu ver uma descrição melhor seria "falta de bom senso".

Recentemente, dei boas risadas com um artigo no *The New York Times* sobre a Morgan Stanley & Company, a aristocrática empresa de bancos de investimento que contrata somente os melhores MBAs do mercado. A Morgan Stanley derrotara outras doze empresas na disputa pelo direito de administrar o fundo de pensão de 4,7 bilhões de dólares do Teamsters Union. Eis o que disse o *Times*:

Em uma de suas reuniões com um comitê de administradores do Teamsters — sindicalistas e caminhoneiros executivos —, parte da

OS PROBLEMAS DA VENDA | 85

sessão foi dedicada aos históricos dos funcionários do Morgan, com ênfase em suas origens humildes.

Um executivo disse que cursou a faculdade com uma bolsa de estudos. Outro comentou que ingressara no Corpo de Fuzileiros Navais logo após a escola. E um terceiro disse aos curadores sentados do outro lado da mesa que crescera em um lar modesto, filho de um maquinista ferroviário.

O mesmo se repetiu quando chegou a vez de cada um dos doze ou mais funcionários do Morgan.

"Era como se dissessem: 'Temos esse retrato de J. P. Morgan na parede, mas, na verdade, somos gente comum'", disse um participante, que pediu para não ser identificado.

Qualquer um que consiga convencer os Teamsters de que, no fundo, J. P. Morgan era um sindicalista entende a importância das vendas.

Vender é intrusivo

As pessoas odeiam se intrometer, criar problemas. Você já se pegou concordando com algo de que discordava completamente? Já pensou em devolver um bife bem-passado demais, mas mudou de ideia?

Ter a sensação de que vender é intrusivo não é um problema, é um trunfo. Todos os melhores vendedores parecem ter um sexto sentido a esse respeito. Eles são capazes de perceber, pelo tom de voz de alguém ou pelo clima na sala, quando o humor ou o momento não são favoráveis. E, por não quererem se intrometer ou saberem que determinada reação não é do seu interesse, não contrariam os clientes tentando fazer uma venda.

A velha-guarda da alta pressão, do pé na porta e da assertividade exacerbada se extinguiu como os dinossauros. Para começo de conversa, essas técnicas, que talvez tenham sido necessárias cinquenta anos atrás, quando um vendedor provavelmente não veria nem falaria com um cliente por mais de seis meses, nunca foram muito eficazes. Hoje, na era da comunicação e do transporte modernos, se você está sendo intrusivo e as pessoas têm discernimento suficiente para perceber isso, não há desculpa para não retornar em um momento melhor. É claro que você precisa estar disposto a voltar.

86 | ISSO VOCÊ NÃO APRENDE EM HARVARD

A venda eficiente está diretamente ligada à noção de oportunidade, paciência e persistência, além da sensibilidade em relação à situação e à pessoa com quem você está lidando. Perceber quando está sendo invasivo pode ser o trunfo pessoal mais importante que um vendedor venha a ter.

Acreditar no seu produto também ajuda. Quando sinto que o que estou vendendo é perfeito para alguém, que simplesmente faz sentido para aquele cliente específico, nunca sinto que estou impondo alguma coisa, e sim que estou lhe fazendo um favor.

Medo

O medo é o maior problema que as pessoas têm em relação às vendas: medo de ser rejeitado, medo de fracassar. A venda de um produto, de um serviço ou de qualquer outro bem depende muito de vender a si mesmo, de colocar o seu ego sobre a mesa. Quais são as chances? Se você é muito bom, provavelmente falhará metade das vezes. A rejeição, como costumam dizer, faz parte do ofício.

A rejeição a uma venda raramente é pessoal, mas somente ter consciência disso não facilita a aceitação. Eu sempre achei que ajudasse não ser muito "adulto" a esse respeito. Aprender a aceitar a rejeição não significa ter de gostar dela. Reconheça os seus verdadeiros sentimentos e, se o que estiver sentindo for irritação, frustração ou raiva, aceite-os em vez de fingir que não existem.

Fui rejeitado centenas de vezes. No entanto, se eu estiver me esforçando para fazer uma venda que vale a pena e receber um não, ficarei frustrado ou com raiva novamente. Perceber que não é algo pessoal não significa que você não deva levar para o lado pessoal. Se não levar, talvez seja um sinal de que você não se esforçou o bastante.

O medo do fracasso é outro problema correlato. Os resultados das vendas são tão tangíveis, tão mensuráveis, tão preto no branco que não há para onde correr ou se esconder. Mas muitas pessoas não se dão conta de que o medo do fracasso é um dos maiores incentivos nos negócios. Se você não tem medo de fracassar, provavelmente não se importa o bastante com o sucesso.

Bjorn Borg tinha a reputação de ser um homem de gelo em quadra. Certa vez, porém, ele me contou que, em pontos decisivos, ele

OS PROBLEMAS DA VENDA | 87

estava sempre tão apavorado que às vezes era preciso uma força de vontade hercúlea para ter coragem de colocar a bola em jogo. Isso também acontecia com Arnold Palmer, e acredito que essa qualidade humana tem mais a ver com a sua enorme popularidade do que com todos os torneios que ele venceu. Seu medo do fracasso era muito grande, porque seu desejo de sucesso também era. Quando ele errava uma tacada era nítida a dor em seu rosto, e ficava claro o quanto ele se importava com aquilo.

6

TIMING

Muitas ideias falham não por serem ruins ou mal-executadas, mas por falta de senso de oportunidade.

Há alguns anos, estávamos tentando estabelecer um circuito profissional de golfe na América do Sul. Encontramos todos os tipos de imprevistos, desde a desvalorização repentina da moeda, que prejudicou o nosso fluxo de caixa, até a inflação em espiral, que tornou proibitivos os custos de prosseguir com a turnê.

Nosso timing não poderia ter sido pior e isso saiu bem caro. Porém, sabemos que os sul-americanos adoram o esporte e temos certeza de que um dia, com as circunstâncias certas, a ideia vai funcionar e seremos os únicos capazes de colocá-la em prática.

Muitos vendedores descartam boas ideias rápido demais, simplesmente por falta de timing. Se alguém recusou um projeto ou uma ideia sua, nem sempre é porque essa pessoa não gostou do que está sendo proposto. Seja por razões econômicas ou por outras internas que você desconheça, talvez a coisa simplesmente não funcione para aquela pessoa naquele momento.

VOLTE CINCO ANOS DEPOIS

Se você acredita em uma ideia e acha que ela faz sentido para um cliente específico, não desista dela. Por muitas vezes vi uma ideia anteriormente descartada render frutos quando reapresentada em um momento mais propício. O singelo movimento do relógio, a mudança de um calendário, são aspectos que podem alterar totalmente a dinâmica de uma situação de venda e a receptividade do comprador.

Assim que Bob Anderson se tornou presidente da Rockwell International, ofereci nossos serviços para produzir um filme promocional interno, no qual Anderson visitaria diversas instalações da Rockwell e explicaria seu papel na operação geral da empresa. Já havíamos feito esse tipo de coisa antes e sabíamos que era um artifício eficiente para promover um sentimento de coesão em empresas multinacionais separadas por grandes distâncias geográficas.

"Mark", disse Anderson, "o nome do homem cujo cargo acabei de assumir ainda está pregado na porta da empresa. A última coisa que eu preciso nesse momento é de um filme promocional. Mas tente de novo daqui a uns cinco anos, sim?"

Quase cinco anos depois, fiz exatamente isso. A Rockwell está considerando a liberação do orçamento.

A VIDA SECRETA DE UM NEGÓCIO

O timing tem diversas aplicações diretas nas vendas. Ele pode controlar qualquer coisa, desde o intervalo em que uma venda é feita até o momento de dizer algo específico durante uma conversa ou de agir a partir de determinadas circunstâncias.

Em si, não é algo pragmático. Não se trata de um preceito ou de um conjunto de regras que possa ser seguido, mas de um senso de oportunidade — sinais sensoriais que são captados pelo cérebro e, então, aplicados à situação de venda.

Quando você combina a natureza perceptiva do tempo com todos os aspectos intangíveis desse senso de venda (por quanto tempo uma ideia deve amadurecer, quando fazer uma ligação específica e assim por diante), o timing correto ou adequado é quase sempre uma decisão muito particular.

Isso significa que as pessoas que parecem abençoadas com um bom timing inato são as mais sensorialmente sintonizadas — com elas mesmas, com os seus clientes e com a própria situação de venda. Quase todo acordo, seja ele uma transação simples ou uma série complexa de manobras que se estenda por vários anos, emite sinais sensoriais únicos, disponíveis para serem captados por qualquer um.

Dê ouvidos ao seu bom senso

Os fatos objetivos de uma venda — sua natureza, sua complexidade, as pessoas a quem você está vendendo e certas informações coletadas ao longo do caminho — podem transmitir informações sobre o timing. Aplique-as com bom senso. Faça o óbvio quando obviamente for a hora de fazê-lo e não faça nada quando estiver claro que não deveria fazer.

Se o seu cliente não conhece você ou a sua empresa, é óbvio que a venda levará mais tempo. Se o comprador ficar decepcionado com a apresentação inicial, logicamente será preciso ajustar as ideias antes de voltar a apresentá-las. E se você já souber que o processo de convencimento do cliente levará meses, não tente forçar um acordo após semanas.

Certa vez fui procurado por uma empresa que pretendia comprar um conceito esportivo desenvolvido para um conjunto muito específico de necessidades promocionais. Por coincidência, na semana anterior, nossa divisão de tênis havia apresentado um conceito que, com alguns pequenos ajustes, era exatamente o que a tal empresa estava procurando. (A propósito, esse não é um exemplo de timing bom ou ruim, mas de timing fortuito, que está totalmente fora do controle do vendedor, mas que todo mundo merece de vez em quando.)

Eu disse à pessoa que me ligou que precisava pensar, falar com algumas pessoas primeiro, e que retornaria a ligação em duas semanas, sem falta. Mesmo sabendo que já tínhamos o que ele queria, era óbvio que, se eu quisesse que nosso conceito parecesse fruto de inspiração, era preciso dar um tempo entre o problema e a solução. Se eu ligasse oferecendo algo no dia seguinte, o cliente certamente se perguntaria o quanto de pensamento conceitual realmente havíamos empregado. Contudo, informando uma data exata para retornar a ligação, ele não apenas estaria esperando, como estaria ansioso para ouvir o que eu teria a dizer.

Eis uma boa regra geral de timing: não se precipite. Tire um minuto para considerar se a situação exige certa estratégia de tempo ou se você pode usar o tempo a seu favor. Caso contrário, sempre é possível retornar a ligação em outra hora.

Escute o que o comprador diz

O vendedor controla o timing de uma venda, mas recebe as dicas do comprador. Obviamente, isso valoriza mais a escuta do que o discurso, verdadeiramente ouvir o que o comprador está dizendo em vez de "fingir ouvir".

Muitas dicas de timing surgem apenas ao fazer as perguntas certas. Por exemplo, por questões de orçamento e planejamento, muitas empresas são mais propensas a comprar em determinadas épocas do ano do que em outras. Para conseguir esse tipo de informação, basta perguntar. E, se você conhecer bem o comprador e tiver reservado um tempo para criar uma amizade, ele mesmo fornecerá boas dicas de timing — quando iniciar o processo, quando encerrar, para quem ligar e quando — durante toda a negociação.

Siga o roteiro

O momento de uma venda pode ser tão importante para fechar um compromisso quanto o que é dito e feito. Se todas as variáveis de vendas que determinam o momento certo precisassem ser pesadas separadamente e avaliadas, as "respostas" quanto ao momento certo, até mesmo das transações mais simples, exigiriam o trabalho de vários computadores.

Felizmente, seu cérebro faz isso por você. Ele calcula, por meio de percepções sensoriais, o que nunca poderia ser alcançado pelo pensamento analítico. Portanto, o timing consiste em converter essas percepções sensoriais em ações conscientes ou inações conscientes (quando não se deve dizer ou fazer certas coisas).

Esse processo fica mais fácil se você imaginar tal período como o "tempo de vida" de uma transação ou como algo separado dela, uma terceira parte. A maioria dos negócios parece ter uma "vida secreta" que segue um roteiro predeterminado. Qualquer um que já tenha "perdido um negócio" fechando-o rápido ou tarde demais, encurtando ou estendendo uma venda além de sua "vida natural", deve confirmar isso.

Uma única situação de venda pode exigir desde alguns segundos a vários anos. É claro que, quanto mais complexo for o negócio e quanto mais fases ele tiver, mais importante será imaginar esse roteiro em sua mente para se sintonizar com a vida à parte ou secreta de um negócio. O timing de cada fase — quando e por quanto tempo — já está definido como marcações de palco. O senso de oportunidade correto — converter a percepção sensorial em ações conscientes apropriadas — nada mais é do que ler o roteiro e segui-lo.

Uma vez que veem o roteiro em suas mentes, muitas pessoas sentem uma necessidade avassaladora de se afastar dele. Na pressa de

ISSO VOCÊ NÃO APRENDE EM HARVARD

fechar um negócio, elas querem encurtar o prazo ou ir diretamente para o terceiro ato, reescrever os diálogos ou eliminar completamente as falas do comprador. Elas veem os sinais do momento certo, mas os ignoram e não conseguem digerir adequadamente a situação. Ao reescreverem o roteiro, provocam um final infeliz.

SATISFAÇÃO INSTANTÂNEA

Todos nos sentimos atraídos pelo desejo de satisfação imediata e tudo no ambiente corporativo parece aumentar esse desejo. Esqueça isso. Passe para o próximo assunto. Uma expectativa a menos significa uma preocupação a menos.

Mesmo quando conseguimos fazer com que as pessoas cumpram aquilo que desejamos, raramente isso acontece na hora que queremos. Pessoas e eventos se movem em ritmo próprio e quase nunca seguem o nosso cronograma. Um dos sinais mais seguros de maturidade profissional é ser capaz de adiar a satisfação imediata e ajustar o seu cronograma para que se adeque aos demais.

Como vendedor e empresário, não consigo pensar em nenhum aspecto do timing que seja mais importante do que a paciência. Sua ausência é o suficiente para desandar um acordo, mas o seu advento — deixar alguém divagar filosoficamente enquanto aguarda uma situação específica — pode, por si só, mudar os rumos de um negócio.

Creio que a falta de paciência é o principal motivo pelo qual uma transação vai por água abaixo. Vejo exemplos disso quase toda semana:

- Quando, sentindo que a outra parte está aflita ou irritada, o vendedor faz seu discurso de venda mesmo assim.
- Quando, ao ouvir o comprador pedir que ele volte outra hora, o vendedor insiste, dizendo: "Mas vai levar só um minutinho."
- Quando, após selar a venda com um aperto de mão, o vendedor diz: "Agora que isso está resolvido, preciso informar a respeito de uma coisa."

Se a falta congênita de timing é uma doença, a paciência provavelmente é a cura.

PERSISTÊNCIA

O modo com que normalmente compreendemos o conceito de persistência sugere que vender é um puro jogo de números, uma questão de em quantas portas você bate e quantas vezes volta a bater. Duvido muito que essa seja a história completa em qualquer transação comercial. Em nossa empresa — e tenha certeza de que isso se aplica à maioria das empresas de serviços —, uma venda eficaz depende tanto da qualidade das portas (e de como e quando você escolhe bater nelas) quanto depende dos números.

Isso não deve, no entanto, minar a importância da persistência. Sem a paciência de esperar e a persistência de retornar, outras noções sobre timing não valem grandes coisas. A persistência está certamente entre os mandamentos básicos das vendas, ao lado de conhecer e acreditar no produto.

APROVEITE AS OPORTUNIDADES

Existem várias oportunidades que caem em nosso colo. Embora você não precise ser um adivinho para identificá-las, precisa estar sensivelmente sintonizado com o seu significado para moldar os eventos a seu favor.

Como estender ou renovar um contrato

Estenda, renove ou renegocie um contrato quando a outra parte estiver mais feliz, não quando o contrato estiver prestes a expirar. Sempre que fazemos um negócio excepcional, incentivo o executivo responsável a discutir a extensão do contrato de representação, mesmo que ainda falte um ano ou mais para expirar.

Se um cliente seu recebeu ótimas notícias, mesmo que essas notícias nada tenham a ver com o seu produto — um aumento ou um bônus, por exemplo —, provavelmente haverá uma boa oportunidade ali.

Esteja sempre checando humores. Por si só, o estado de espírito pode transformar um "sim" em um "não" e vice-versa.

Aproveite o mau momento dos outros

Os momentos ruins ou infelizes podem trazer toda sorte de oportunidades. Vemos isso com frequência no ano eleitoral, quando os candidatos ficam bem mais cautelosos na hora de jogar o chapéu no ringue. Cada um à espera do erro alheio para entrar em cena como o salvador da pátria. Assim como o melhor momento para renovar um contrato é quando o cliente estiver mais feliz, o melhor momento para fazer uma venda é quando o possível comprador estiver insatisfeito com a concorrência.

Certa vez, nosso departamento de televisão estava atrás da representação dos direitos mundiais de um grande evento esportivo. Na época, esses direitos eram controlados por uma das redes de televisão americanas. Então, pouco depois de os organizadores do evento descobrirem, também soubemos que, havia pouco tempo, essa rede vendera um pacote de suas atrações esportivas menos importantes para um país específico, com o principal evento esportivo incluído como "prêmio".

Os organizadores ficaram muito chateados por terem sido usados, e, como já haviam enfrentado problemas com aquela rede antes, senti que poderíamos aproveitar a oportunidade. Pegamos o cliente.

Pese o presente contra o futuro

Quando Tony Jacklin venceu o British Open em 1969, ele recebeu diversas oportunidades de patrocínio, principalmente da Inglaterra, que havia muito esperava ter o seu próprio campeão de golfe. Sentimos, no entanto, que a vitória de Jacklin não fora acidental e concordamos apenas em assinar contratos de curto prazo, de um ano ou menos. Um ano depois, Jacklin venceu o US Open, e o valor de seu patrocínio triplicou.

Por outro lado, quando Ben Crenshaw se tornou profissional, senti que ele tinha uma das imagens mais "promovíveis" do mundo do esporte profissional. Ele estava sendo apontado como o "próximo Nicklaus", e, embora essa fosse uma bela reputação, era quase impossível fazer jus a ela. Percebi que era importante trabalhar a imagem de Crenshaw antes que ela fosse associada a qualquer sucesso que ele pudesse ou não vir a ter no campo de golfe. Infelizmente, Ben esperou demais, e, quando começamos a representá-lo, o fato de ele ser menos que imortal prejudicou seu valor de mercado.

Quando Muhammed Ali estava no auge da fama, o clima do país não era tão favorável para um atleta negro quanto era para um branco. Agora é, e mesmo naquela época dava para ver que isso mudaria. Se

Ali tivesse trabalhado no desenvolvimento de uma imagem positiva, saudável e "não boxeadora", poderia ter faturado fora do ringue o mesmo que faturou dentro dele. Mas, como nunca equilibrou presente e futuro, Ali nunca ganhou quantias expressivas com patrocínio.

Aproveite um pôr do sol

Pat Ryan, editor-chefe da revista *People*, me contou sobre um indicador de venda que seu pai, o falecido cavaleiro irlandês Jim Ryan, passou para muitos dos jóqueis atuais: sempre convide um possível comprador de cavalos para beber algo no fim da tarde. Não é a sociabilidade o que está em jogo aí. O fato é que não há momento melhor para exibir um cavalo do que ao pôr do sol. O pelo brilha e o animal parece cheio de vida e imbatível. (Esse é o mesmo motivo pelo qual as matérias sobre trajes de banho da *Sports Illustrated* são sempre fotografadas ao nascer ou ao pôr do sol.) Poucas pessoas precisariam de um pôr do sol como pano de fundo para as suas vendas, mas é certo que os vendedores podem tirar proveito de eventos futuros que são tão inevitáveis quanto um entardecer.

Uma de nossas produções de TV mais bem-sucedidas, *The Superstars*, que é exibida pela *ABC* há uma década, foi parcialmente vendida porque atendia a uma certa inevitabilidade temporal — a necessidade da rede de preencher o vazio dos esportes de inverno entre o futebol americano e o beisebol. A nova liga de futebol pode mudar isso, mas, atualmente (e nos últimos dez anos), há uma previsibilidade óbvia para tal necessidade.

O calendário está lotado

Datas transformam o tempo em informações concretas. Nas mãos do vendedor certo, um calendário pode ser uma arma de vendas em potencial. Em nossa área, por exemplo, sabíamos que, política mundial à parte, havia uma certa inevitabilidade nas Olimpíadas de 1988, 1992 e 1996 e podíamos, portanto, começar a planejar determinados esforços de vendas para esses eventos. Na verdade, muitos de nossos esforços de vendas são programados para aproveitar os principais eventos esportivos anuais, seja para nos adequarmos a eles, seja para usá-los como um meio de entretenimento para os clientes.

Há vários anos, quando a Lei de Reforma Tributária da Califórnia, Projeto de Lei 13, foi uma grande notícia, ouvi a história de como certo cavalheiro, que era professor de finanças profissional, tirou vantagem do que o calendário informava sobre oportunidade futuras. Várias semanas antes de o projeto de lei ser votado, ele reservou um anúncio de página inteira no *Los Angeles Times*, a ser publicado no dia seguinte à aprovação do projeto de lei. O anúncio, que divulgava a sua nova série de palestras, era intitulado "Como você pode lucrar com o Projeto de Lei 13".

Entrando e saindo

A melhor pessoa a quem vender algo é alguém que acabou de chegar ou que está saindo de uma empresa. Quando John DeLorean estava saindo da Pontiac, ele me ligou e disse: "Mark, assim que eu sair daqui, eles vão tentar desfazer tudo o que eu fiz. Se você quiser estender o contrato de Nicklaus, é melhor estender agora."

Todo executivo recém-chegado está ansioso para mostrar serviço, deixar sua marca, e geralmente recebe corda suficiente para tal. Já quem está prestes a sair — e sabe que não estará por perto para enfrentar as consequências — não se importará. Já fechamos negócios com gente aparando pontas soltas antes de deixar a casa e com gente que queria fazer negócios conosco na empresa nova.

Informe que você esperou o momento mais oportuno

Por exemplo: "Eu sabia disso na semana passada, mas não quis incomodá-lo durante a conferência de vendas (antes das férias, enquanto você estava trabalhando no seu orçamento, e qualquer outro motivo relevante)." Como regra geral, evite fazer ligações (principalmente se for para transmitir problemas ou dar más notícias) em uma manhã de segunda ou na sexta-feira à tarde.

Use (com extrema cautela) o timing inconveniente

Uma ligação telefônica fora do horário comercial, tarde da noite ou no fim de semana sempre tem impacto maior. Se for esperto, você pode usar essa abordagem para obter grandes vantagens, mas lembre-se de ter bastante certeza do que está fazendo, porque o tiro pode sair pela culatra. Em primeiro lugar, deixe sempre bem claro: "Sei que é final de semana, mas o que eu tenho a dizer é tão bom (ou tão importante) que não dava para esperar."

Não estabeleça prazos

Às vezes, dar um prazo a um comprador é inevitável. Mas todo prazo é uma ameaça, e as pessoas que sentem que estão sendo ameaçadas se esforçam para desafiá-lo. Sendo assim, eles devem ser invocados apenas em última instância.

A maneira mais rápida de perder credibilidade é estabelecer um prazo e depois estendê-lo, alterá-lo ou ignorá-lo. É a versão corporativa do alarme falso. Quando você não cumpre o próprio prazo, tudo o que você disser depois disso será visto com certa desconfiança.

Use o tempo para suavizar uma ameaça

O tempo pode ser usado para atenuar a exigência por uma decisão. Se você duvida da sinceridade de um "talvez", dê a alguém um conflito de tempo plausível e que requeira uma tomada de decisão.

Certa vez, senti que estávamos sendo enrolados por uma empresa que originalmente manifestara um desejo sério de fechar negócio. A transação envolvia um grande comprometimento de tempo de uma das tenistas mais bem ranqueadas do mundo. Dar um prazo seria muito ameaçador, então apenas sinalizamos que, caso não tivéssemos uma resposta até a semana seguinte, seria muito mais difícil e talvez impossível cancelar alguns compromissos de torneio.

Findamos obtendo uma negativa, mas era melhor saber dela logo do que arrastar a decisão indefinidamente. Ao sugerir um conflito de tempo, forçamos o problema sem fazer um ultimato.

Períodos de atenção

Pessoas muito ocupadas têm períodos curtos de atenção, portanto, seja objetivo. Pense que você está ali para ouvir e fale menos. Não comece a contar a história de sua vida, não demore em uma apresentação e, a menos que você seja um ator, esqueça a dramatização. Isso só irritará as pessoas ou, pior, as fará divagar. Descubra também os períodos de atenção das pessoas com quem você está lidando. Por exemplo: eu sei que Bob Anderson, da Rockwell, vai começar a viajar caso eu permaneça no assunto por mais de 45 segundos.

Listas de compras
Se você tiver mais de um assunto para discutir ou mais de uma ideia ou produto para apresentar, reserve tempo suficiente para o mais importante. Nunca se coloque na posição de ter que pedir por mais alguns minutos porque ainda não chegou à ideia principal.

Conceda a alguém a dádiva do tempo
Uma das melhores formas de impressionar um comprador é levar apenas meia hora quando ele estava preparado para uma hora. Uma das piores é demorar uma hora e meia.

7

SILÊNCIO

A reunião correra extremamente bem. Estávamos em Londres, e um de nossos executivos acabara de fazer uma excelente apresentação para alguns empresários britânicos. Eu tinha certeza de que aqueles cavalheiros haviam ficado impressionados. Um certo silêncio dramático ocorreu quando eles se entreolharam para ver quem responderia primeiro.

Mas, justo quando um deles estava prestes a falar, o executivo começou a resumir os aspectos positivos dos conceitos que acabara de apresentar. Isso se repetiu algumas vezes. Finalmente, eu ri e disse: "Ah, as virtudes do silêncio... Deixe outra pessoa falar."

Muito já foi escrito sobre o uso do silêncio nas vendas. E por um bom motivo. Em quase todo discurso, há um momento em que a outra parte deve falar, e outro em que ninguém deve falar. É muito difícil chegar a um desses momentos se você não souber a sua hora de ficar em silêncio.

O silêncio tem muitas aplicações diferentes nas vendas. Se você parar de falar e começar a ouvir, talvez aprenda algo, mesmo que não tenha a oportunidade de organizar os seus pensamentos. O silêncio é o que o impede de dizer mais do que precisa — e o que faz com que a outra pessoa diga mais do que deseja. Saber quando ficar em silêncio pode influenciar muito a impressão que você causará nos outros. Além disso, é impossível estabelecer um compromisso com alguém se essa pessoa não conseguir abrir a boca.

O uso tático do silêncio serve a um de dois propósitos. Ou permite ou força a outra pessoa a falar.

FAÇA O OUTRO FALAR

Uso muito a tática de fingir desconhecer os detalhes de determinada situação só para fazer a outra pessoa falar.

Um dia, fui levado ao final de uma renegociação longa e difícil. A coisa ficou muito séria, e os advogados de ambas as partes estavam inflexíveis. Como eu era o "garoto novo no pedaço", pedi à outra parte que começasse do início e me explicasse, com as próprias palavras, o seu entendimento da disputa.

Ele deve ter falado sem parar por uns vinte minutos (percebi seu advogado estremecer diversas vezes). Quando terminou, ele acabou concordando, ou se convenceu a concordar, com boa parte das nossas condições.

OBTENHA INFORMAÇÕES SEM SOLICITÁ-LAS

Sempre que receber uma resposta insatisfatória, a melhor tréplica é não responder. Se você precisar de mais detalhes ou de um tipo diferente de informação, permaneça em silêncio.

A tática funciona porque o silêncio é um vazio que as pessoas sentem enorme necessidade de preencher. Se a outra pessoa terminar de falar e você não retomar o diálogo depois de uma pausa, ela automaticamente começará a elaborar e, ao fazer isso, pode ser que diga o que você quer ouvir.

MORDA A LÍNGUA

A habilidade adquirida — quase nunca instintiva — de morder a língua tem duas aplicações muito importantes, mas geralmente ignoradas, nas vendas. Em primeiro lugar, permite que você organize os seus pensamentos e, então, seja mais cauteloso ou mais prudente no que diz. Segundo, diminui a chance de dizer muito mais do que precisa, pretende ou quer.

Empresários japoneses costumam usar intérpretes mesmo que entendam perfeitamente o que você está dizendo. É um artifício que lhes dá mais tempo para estruturar a reação e a resposta.

Declare os prós, omita os contras irrelevantes

Há algum tempo, participei de uma reunião com um parceiro de negócios interessado em captar um patrocinador para o prestigiado Campeonato Mundial de Golfe Feminino da Chevrolet. Após declarar todos os prós dessa possível parceria (e obter uma boa reação), ele passou a falar com entusiasmo sobre a cobertura televisiva. "Mesmo que o evento se sobreponha ao Campeonato Masculino da PGA, nós e o canal que vai transmitir esperamos índices de audiência muito bons."

"Mesmo que o evento se sobreponha ao Campeonato Masculino da PGA"? Eu não conseguia acreditar no que estava ouvindo. É verdade que, quando ocupamos o papel de consultores, esse é um contra que devemos destacar para os nossos clientes. Contudo, como vendedores, é justamente o tipo de contra que devemos omitir.

Os fatos importantes eram a cobertura televisiva e os bons índices de audiência esperados, não um parecer sobre a competição de audiência televisiva daquele dia. Mesmo que meu parceiro se sentisse eticamente obrigado a trazer aquilo à tona, seu timing não poderia ter sido pior. Ele deveria ter dito isso no começo da apresentação, antes de todos os prós, em vez de terminar com um contra.

Se você estiver vendendo um rádio-relógio, não acho que seja obrigatório salientar que a bateria vai acabar em menos de dois anos ou que, em um ano, haverá um modelo digital melhor e mais barato no mercado.

Declare os prós e omita os contras irrelevantes ou parcialmente relevantes. Seja ético, e esteja ciente das virtudes do silêncio.

A PAUSA ELOQUENTE

O uso da pausa na venda é muito parecido com a pesca com rede. Você põe um pouco de isca e espera silenciosamente um peixe entrar.

Quando, durante um discurso de vendas, você chegar ao ponto em que solicita um compromisso, não fale novamente até que a outra parte tenha respondido. Não reafirme o seu caso. Não faça *lobby*. Não lhe diga que você sabe que é uma decisão difícil, mas... O comprador pode estar tendo dificuldade de se decidir e conduzindo um diálogo interno consigo mesmo. Não o ajude. Se ele fizer uma pergunta, responda com monossílabos.

Mesmo que o silêncio seja ensurdecedor, deixe estar.

DEPOIS DE VENDER, CALE A BOCA

Já vi isso acontecer inúmeras vezes: a venda é selada e imediatamente o vendedor começa a levantar suspeitas ao fazer elogios exagerados à decisão do comprador: "Você não vai se arrepender", "Esse é o melhor negócio que você já fez na vida". Até a pessoa mais convencida do mundo vai acabar se perguntando: "Onde eu fui me meter?"

Depois de fechar a venda, qualquer outra coisa que você disser a respeito dela só o prejudicará. Então, mude de assunto: fale sobre o jogo de golfe do comprador, seus filhos — tudo, exceto o quanto ele foi inteligente ao comprar o seu produto.

Pior do que os bajuladores são os vendedores que insistem em pôr os pingos nos is: "Ótimo. Agora, vamos repassar os pontos novamente para garantir que estamos em total acordo." Na melhor das hipóteses, essa conduta diminui o entusiasmo do comprador. Na pior, pode desfazer o que já estava feito.

POSTERIORMENTE, CONFIRME O ACORDO POR ESCRITO

É verdade que, sobretudo se o acordo for complexo ou estiver em negociação por um longo tempo, provavelmente haverá pontos ou detalhes sobre os quais as duas partes ainda estão incertas. Não aborde esses pontos de imediato: confirme seu entendimento por escrito em outro momento. Isso fará com que a reunião termine em um clima positivo e otimista e permitirá que você estabeleça por escrito a sua versão dos detalhes, às vezes nebulosos. A menos que sejam pontos importantes ou estejam muito errados, geralmente eles se tornarão princípios básicos do acordo.

8

COMERCIABILIDADE

Há muitos anos, eu jantava com Andre Heiniger, presidente da Rolex, quando um amigo dele se aproximou da mesa para dar um oi. "Como vai o ramo dos relógios?", perguntou ele. "Não faço ideia", respondeu Heiniger. O amigo riu. Ali estava o chefe da relojoaria mais prestigiosa do mundo, dizendo que não sabia o que estava acontecendo em seu próprio setor. Mas Heiniger estava falando sério. "É que a Rolex não está no ramo dos relógios", continuou ele. "Estamos no ramo do luxo."

Para mim, o comentário de Heiniger resumiu a essência da "comerciabilidade", que consiste em ter consciência real do seu negócio e entender as percepções implícitas que conectam o seu produto às pessoas para as quais ele está sendo comercializado.

Desde a aprovação do Ford Modelo T, a indústria automobilística tem vendido carros associando-os a tudo aquilo que não a sua função: poder, apelo sexual, luxo, economia e assim por diante. De fato, a publicidade de automóveis tem sido tão persuasiva historicamente que não apenas moldou percepções, como também as criou. Por exemplo: já houve tempos em que era verdade que um professor universitário preferiria abdicar de sua cátedra a ser visto dirigindo um Cadillac. Se, por outro lado, um executivo escolhesse um Volkswagen, alguém poderia questionar seriamente se ele tinha mesmo comprado a "coisa certa".

O comprador da atualidade, no entanto, está mais sofisticado do que nunca e é tão sensível a ser "alvo de publicidade" que pode perder o interesse. Isso confere uma importância ainda maior à compreensão da comerciabilidade, que, para mim, é o aspecto mais sutil e implícito do marketing.

A FedEx, por exemplo, pode vender agressivamente os seus serviços, enfatizando velocidade, confiabilidade e tamanho. Contudo, como pode ser bastante óbvio para quem já viu os comerciais, o que eles estão vendendo mesmo é tranquilidade.

Uma das formas mais sutis de comerciabilidade é construir as percepções no próprio produto, fazendo todo o possível para torná-lo "comprável". Por exemplo: se este "produto" — este livro — tivesse o título *Princípios de gerenciamento prático*, é certo que atrairia um público diferente e provavelmente muito menor.

A comerciabilidade não pode ser "lida" a partir de estudos e testes de mercado e grupos focais, ela deve ser intuída. Trata-se de olhar para além dos limites e interpretar — perceber — a motivação implícita e as razões pelas quais as pessoas vão se interessar ou não pelo seu produto. É conceitualmente diferente do marketing porque é feita, ou deveria ser, antes do fato e, se feita corretamente, não custa nada.

A comerciabilidade também é a forma mais ativa de venda. A venda, por necessidade, é orientada para o produto — recursos, funções, vantagens e assim por diante. Mas entender a comerciabilidade de seu produto coloca o comprador em cena, esteja ele comprando como intermediário (como na venda para uma empresa) ou diretamente, como consumidor.

Este capítulo conecta ambas as coisas — produto e pessoas. Começando pelo primeiro e todos os fatos que o impactam, e terminando com o posicionamento, ou como o que você fala sobre seu produto pode praticamente vendê-lo para você.

CONHEÇA O SEU PRODUTO, ACREDITE NELE E VENDA-O COM ENTUSIASMO

Esses são os princípios fundamentais de uma venda. Se você não conhece o seu produto, as pessoas farão pouco caso de seus esforços para vendê-lo; se você não acreditar nele, personalidade e técnica não compensarão esse fato; se você não conseguir vendê-lo com entusiasmo, a apatia será contagiosa.

Nada afasta um cliente em potencial mais rápido do que a falta de familiaridade de um vendedor com o próprio produto. Você já entrou em uma loja de departamentos, perguntou a um funcionário como um dispositivo ou um aparelho específico funcionava, ficou assistindo-o brincar com os botões e se perguntou em voz alta por que eles não simplificam mais as coisas? Mesmo que ele conseguisse fazer aquilo funcionar, o seu interesse já teria diminuído, e você provavelmente teria desistido da compra.

Conhecer o seu produto também significa entender a ideia por trás dele — o seu propósito, como ele é percebido —, a relação entre ele e o que alguém deseja comprar. Como aquilo ajudará o cliente? Qual problema ele resolverá? O que ele promete?

A compreensão desses recursos intangíveis é, no mínimo, tão importante quanto conhecer seus recursos físicos. No entanto, justamente por serem intangíveis e poderem variar de cliente para cliente, eles são mais propensos a serem mal interpretados e mal compreendidos.

Conhecer o seu produto também significa entender a imagem que ele projeta, o que acredito que todos os produtos façam. Pode ser uma imagem positiva, que você deseja promover, ou negativa, que você precisa superar.

A indústria de computadores pessoais, por exemplo, não decolou até resolver seu problema de imagem. Ali estava aquele dispositivo que economizava tempo e simplificava todo tipo de tarefas, mas que parecia complicado e difícil de usar. Até que parecesse "mais amigável", menos proibitivo, as vendas não decolaram.

DUAS RAZÕES PELAS QUAIS EU NÃO COMPRARIA DE MIM

Conhecer o seu produto significa, em parte, conhecer todas as justificativas que alguém daria para não o comprar. Antecipe os motivos. Tenha todos traçados com clareza em sua cabeça, registre-os no papel, se necessário, e tenha uma resposta pronta para cada um deles.

Boa parte de quase todo o esforço de vendas está em superar objeções. Não tente convencer um comprador de que as objeções dele não são válidas, apenas concentre-se em alterar os seus parâmetros.

Ao antecipar e superar objeções, um vendedor precisa praticar uma espécie de teoria da relatividade. Ele deve se perguntar: "Comparado a quê?" Pense em uma grande compra que você fez — uma casa, por exemplo — e tente repassar o exercício mental necessário para fazê--la. Em algum momento, você fez comparações. Ao compará-la com outra casa que lhe interessou, mas em um bairro menos preferível, ela parecia cara. Se comparado com o preço de dez anos antes, o atual parecia exorbitante. Porém, considerando o seu valor de revenda, a oferta que alguém poderia fazer por ela, o que é de seu merecimento, você conseguiu justificar o preço.

Ao licenciar o nome de um atleta, sei que as duas objeções mais comuns são o preço, ou seja, o tamanho das garantias, e a falta de disponibilidade do atleta para os patrocinadores.

O presidente de uma grande empresa de vestuário me disse certa vez que não pagaria a um atleta mais do que ele faturava. Por esse critério, o orçamento de sete dígitos que estávamos pedindo provavelmente soava exorbitante. Mas fui rápido em apontar que o que ele estava comprando continha a identificação instantânea da marca, e, se comparados às dezenas de milhões de dólares necessários para desenvolver um grau similar de reconhecimento de marca, os valores eram bem razoáveis.

Ele também questionou por que, caso concordasse em pagar tanto dinheiro, ele só teria direito a cinco dias do tempo do atleta. Novamente, era uma questão de alterar os parâmetros dele. O que beneficiaria mais a sua empresa, perguntei: estar em mais campanhas publicitárias para lojas de departamento ou ganhar mais competições de tênis importantes? E não é que no fim ele concordou que, pensando na empresa, o tempo do atleta seria mais bem usado se dedicado a acertar milhões de bolas no solo de Wimbledon?

Ao ajudar o comprador a enxergar parâmetros diferentes, alterando suas percepções, conseguimos fechar um acordo de licenciamento que resultou na linha de vestuário mais bem-sucedida da empresa e em vários milhões de dólares em receita para o nosso cliente.

CHUTANDO CACHORRO MORTO

Uma empresa de ração para cachorro estava realizando a sua convenção anual de vendas. Durante o evento, o presidente da empresa ouviu pacientemente o seu diretor de publicidade apresentar uma nova campanha, o seu diretor de marketing explicar um esquema de pontos de venda que "revolucionaria a indústria" e o seu diretor de vendas exaltar as virtudes da "melhor força de vendas do mercado". Por fim, chegou a hora dele de subir ao palco e fazer as suas considerações finais.

"Nos últimos dias", disse ele, "ouvimos todos os nossos chefes de divisão e seus planos maravilhosos para o próximo ano. Agora que nos aproximamos do fim deste encontro, tenho apenas uma pergunta. Se temos a melhor publicidade, o melhor marketing, a melhor força de vendas, por que vendemos menos do que qualquer outra marca de ração no mercado?" Um silêncio absoluto encheu o salão de convenções. Finalmente, após o que pareceu uma eternidade, uma voz baixa respondeu do fundo da sala: "Porque os cachorros odeiam a nossa ração."

Às vezes, uma ideia, um produto, um conceito é simplesmente ruim. Não importa a abordagem, não importa o posicionamento, nada funciona. Quando isso acontece, a única saída é desistir e trabalhar com redução de danos. O problema é que muita gente vai no caminho exatamente oposto. Quanto mais evidências de que uma ideia pode não ser vendável, de que um conceito pode não ser viável, de que um produto não é desejável, mais determinadas essas pessoas ficam e mais tempo elas gastam tentando provar o contrário.

A REGRA DO 80/20

Uma vez que dediquei o primeiro terço deste livro à importância de conhecer o seu cliente, a esta altura já deve estar claro o que penso a esse respeito.

Os esforços de vendas da maioria das pessoas e empresas seguem a regra do 80/20 — 80% dos negócios são realizados com 20% dos clientes. Faz sentido concentrar quatro quintos de seu tempo e esforço para conhecer esse quinto de clientes que são mais importantes para você.

Muitos anos atrás, fomos contratados pela inglesa Wilkinson Sword para traçar um perfil esportivo e de lazer de todos os seus clientes principais. Terminada a pesquisa, realizamos uma série de excursões esportivas, personalizadas de acordo com os gostos recreativos dos clientes. Os fãs de boxe e afins foram levados para uma noitada de lutas com Henry Cooper — o campeão europeu de pesos-pesados da época — como anfitrião; outros, jogaram golfe com Tony Jacklin; os fãs de críquete participaram de um café da manhã antes de um amistoso com o campeão australiano Ian Chappell.

Concentre-se nos interesses, nas preferências e nos gostos de seus melhores 20% e reserve um tempo para descobrir o que você pode fazer para mantê-los no barco.

CONHEÇA A EMPRESA

Há duas chaves principais para conhecer a empresa do seu cliente. Em primeiro lugar, esse conhecimento pode lhe dizer algo sobre a melhor abordagem no geral. Em segundo, embora a pessoa para a qual você esteja vendendo possa ter total autoridade e autonomia, você acaba vendendo, através dela como representante da empresa, para a própria empresa.

Empresas podem e devem ser decifradas do mesmo modo que pessoas. A metodologia, de fato — formar impressões íntimas baseadas em percepções brutas — é quase a mesma. Observe como uma empresa faz negócios, com que rapidez ela cresceu e como escolheu se posicionar no mercado. Tamanho e longevidade por si só podem ser indicadores. Obviamente, as técnicas de venda usadas para a IBM não são as mesmas que funcionariam para a Apple, por exemplo. A abordagem, que vai de madura e conservadora até uma mais agressiva, deve se assemelhar à imagem da empresa-alvo.

Mas lembre-se de que, em âmbito empresarial, a dinâmica é tão lenta e ponderada que, mesmo que o objetivo declarado da empresa seja ter uma nova imagem e um novo direcionamento, ainda assim eles comprarão de acordo com a antiga imagem e o antigo direcionamento. Certa vez, tive uma série de reuniões com a Procter & Gamble, que, temendo ficar parada no tempo, tentava desesperadamente modernizar sua abordagem ao consumidor. No entanto, foi ficando evidente para mim que, por mais que eles desejassem aquilo, a empresa ainda estava vinculada aos seus antigos pontos de vista e levaria um tempo para que a mudança acontecesse.

Certa vez abordamos a Tiffany's, uma marca cujo licenciamento gostaríamos muito de representar. Dois fatos separados, mas relacionados, nos ajudaram nesse caso. Primeiramente, a Tiffany's havia pouco fora adquirida pela Avon, uma empresa de capital aberto, o que sugeria que ela estaria mais aberta a negociações naquele momento do que antes, enquanto ainda era uma empresa elitista e de capital fechado. Mas, ao mesmo tempo, a empresa era a mesma, e certamente se tornara uma aquisição atraente para a Avon pela qualidade e tradição implícitas da marca. Se evocássemos uma imagem que não fosse suficientemente madura, a negociação não avançaria. Nossa abordagem então foi semelhante à que usamos no caso Rolex e Wimbledon:

enfatizar a visibilidade e a qualidade que o licenciamento traria. Se realizado de forma seletiva e com bom gosto, esse movimento ampliaria a imagem de requinte da marca.

Chegando ao cara certo

Enquanto vendedores, um dos nossos maiores problemas é descobrir quem, dentro da outra empresa, toma uma decisão e a respeito do quê. Em nosso ramo de atuação, com frequência não sabemos se é o departamento de publicidade, o de marketing, alguém de relações públicas ou de comunicação corporativa. Pode muito bem vir a ser o presidente e o CEO de uma empresa de bilhões de dólares, se o assunto for de seu interesse pessoal.

Em certas empresas, particularmente em operações multinacionais e multissegmentadas, é quase impossível descobrir o processo de tomada de decisões ou encontrar qualquer tipo de autoridade central. As decisões parecem ser tomadas por algum consenso misterioso que nem os mais altos escalões da gerência conseguem explicar. Obviamente, esse é um ônus de lidar com empresas desse tipo, e, muitas vezes, a única solução é optar por não lidar com elas.

No entanto, na maioria das empresas, não apenas o processo de tomada de decisões está ali em algum lugar, como é perceptível. Às vezes até o nome dos responsáveis é nítido. Para encontrá-los, basta cumprir a lição de casa e fazer as perguntas certas.

Se não souber, pergunte

Grande parte das vendas não se concretiza a partir de ligações aleatórias. Há algum contato ou conexão que o faz pensar em uma empresa específica.

A maioria das pessoas fica feliz em contar tudo o que você precisa saber sobre a empresa em que trabalham; como ela é estruturada, quem se reporta a quem etc. Sem muita persuasão (e sabendo quando ficar em silêncio), é possível descobrir quase tudo que desejamos: as prioridades, os problemas, os pontos fortes e fracos, as questões internas, as disputas de poder e assim por diante. Esse tipo de informação é útil porque o processo real de tomada de decisões dificilmente é aquele que a empresa apresenta no fluxograma.

É claro que você deve levar a fonte em consideração e filtrar o que ela diz com base em sua leitura. As pessoas costumam dar a entender que é com elas que você deve tratar, mas, pelo modo como falam sobre outras — com ciúmes ou de uma maneira que contradiga o que você já sabe —, é possível perceber quem é a pessoa certa a procurar.

Qualquer um que já tenha feito um bom trabalho com certa empresa e, portanto, conheça minimamente seus segredos burocráticos, também é uma excelente fonte de informação. Pode ser a agência de publicidade, um concorrente amigável ou até mesmo alguém da sua própria empresa.

Não se deixe enganar por títulos

Não tire conclusões a partir de títulos. Por exemplo, eu costumava pensar que o chefe da General Motors International seria um importante responsável pelas operações da GM no exterior. Não demorou para que eu descobrisse que ele literalmente não tinha autoridade para tomar decisões, exceto no sentido mais amplo, e que as sucursais da GM eram quase praticamente autônomas.

As razões pelas quais alguém é chamado de vice-presidente são tão numerosas quanto os vice-presidentes. Mesmo em empresas cujos títulos são concedidos de forma adequada, há sempre um tempo de defasagem: pessoas prestes a subir na hierarquia, pessoas prestes a descer e pessoas prestes a sair. Um assistente de marketing pode ser o verdadeiro responsável pelas decisões da área. Além disso, existem projetos favoritos e áreas de autoridade excêntricas que não se enquadram em nenhuma descrição de cargo.

Quando David Foster, um amante do golfe, era presidente da Colgate, sabíamos que ele tomaria todas as decisões relacionadas ao seu patrocínio, até mesmo onde instalar os banheiros no campo. Por outro lado, quando viajei para o Japão para discutir o patrocínio da turnê feminina de tênis com a Toyota, descobri que minha reunião seria com um "subgerente" do departamento de relações públicas. Comecei a explicar como o patrocínio funcionava — x valor por isso, mais meio milhão para o montante de prêmios e assim por diante —, e o subgerente só assentia. Cheguei a ter certeza de que estava falando com a pessoa errada e de que aquele sujeito não estava entendendo uma palavra do que eu dizia, mas no fim assinamos um contrato de mais de 5 milhões de dólares.

Encontre um astro

E fique amigo dele. As pessoas dentro e fora da empresa estão sempre me dizendo o quanto sou "sortudo" por ter uma relação pessoal com CEOs de tantas empresas ao redor do mundo. Na maioria das vezes eu apenas percebi suas qualidades e fiz um esforço para me aproximar muitos anos antes de se tornarem diretores executivos. Em muitos casos, me aproximei antes mesmo de entrarem na hierarquia da alta gerência.

Um dos movimentos mais importantes a se fazer no mundo dos negócios é considerar conexões futuras. Os colegas de hoje podem estar administrando as empresas de amanhã. Descubra quem são as estrelas nas outras empresas e faça amizades. Em dez anos — esteja você vendendo, comprando, contratando ou sendo contratado por eles —, eles se tornarão um de seus ativos comerciais mais importantes.

A regra multinacional

Lembre-se de que nenhum executivo de alto nível está feliz com as operações internacionais da empresa. Mas realizar algo em escala internacional para a empresa dele certamente abrirá as portas para oportunidades em território nacional.

POSICIONAMENTO

A palavra "posicionamento" tem diversos significados no mundo dos negócios. Uma empresa se posiciona para o futuro; um produto é posicionado para o mercado; você se posiciona para uma promoção ou para uma venda. Os significados comerciais são tantos que, na verdade, a palavra pode até perder o sentido. Portanto, eu a definirei aqui de forma muito estrita, no que diz respeito ao seu produto ou serviço.

Nesse sentido, trata-se de determinar o que alguém realmente está comprando quando compra o seu produto ou serviço e depois transmitir tais impressões e motivações ao comprador.

Isso geralmente exige que transformemos as emoções humanas em características do produto: "Seja um vencedor associando-se a um

ISSO VOCÊ NÃO APRENDE EM HARVARD

vencedor." É preciso inteligência, conhecimento e premeditação; em seu nível mais alto, é uma arte com um retorno tangível: seu produto ou serviço é praticamente pré-vendido.

Posicionamento 1: isso é um Ford ou um Mercedes?

O posicionamento é, antes de tudo, um jogo de números. Em uma ponta do espectro, a massa — um Ford ou Chevrolet (mais acessíveis) —; na outra, a elite — um Mercedes ou Jaguar (qualidade, luxo).

Embora o elitismo possa ser uma motivação forte para o comprador, também pode ser perigoso. As empresas se dão muito mal quando se posicionam tanto acima quanto abaixo do mercado. É preciso descobrir o próprio lugar nesse espectro — onde está seu maior volume de compradores.

Certa vez, fechamos um contrato interessante de licenciamento, endosso e representação entre Arnold Palmer e a Sears.* Foi interessante para mim devido à ironia da coisa. Durante duas décadas, posicionamos conscientemente Arnold na extremidade superior do espectro do mercado, afiliando-o a marcas e empresas como Rolex, Cadillac, Robert Bruce e Hertz. Enquanto isso, a Sears chegara havia pouco à conclusão de que a crescente sofisticação do consumidor os rebaixara alguns graus de onde eles queriam estar. Quando a Sears decidiu atualizar a sua imagem, Arnold, assim como Cheryl, era a escolha ideal. Não fossem suas correlações pregressas ao conceito de "luxo", Arnold não seria tão perfeito.

Posicionamento 2: pesando os fatos

Um bom vendedor pode pegar dez fatos sobre um produto e, ao dar ênfase a alguns e não a outros, criar dez impressões diferentes. É isso que é a verdadeira arte de vender: adequar os fatos para obter a resposta desejada.

O incrível sucesso da golfista americana Laura Baugh no Japão foi resultado direto de como escolhemos posicionar os fatos. Laura era

---

* De 1908 a 1912, e novamente em 1952 e 1953, a Sears tentou vender carros. Nas duas ocasiões, a rede varejista, então a maior dos Estados Unidos, não obteve sucesso. [N. da E.]

uma garota tipicamente americana — bonitinha, loira, vivaz — que demonstrara ser uma grande promessa como atleta amadora. Contudo, aos dezessete anos, ainda precisava provar as suas qualidades no circuito profissional.

Sabíamos que os japoneses gostavam de americanos quase tanto quanto de golfe. Mas, como Laura não podia ser propagandeada como campeã, optamos por minimizar completamente as suas proezas no golfe. Em vez disso, a posicionamos como uma espécie de rainha da beleza americana que, por acaso, jogava golfe muito bem.

Os resultados foram extraordinários — pôsteres, calendários, patrocínios, um fluxo interminável de oportunidades de licenciamento. Ela se tornou a maior atração do Japão, chegando a apresentar o seu próprio programa de televisão no horário nobre. No momento em que Laura retornou aos Estados Unidos para participar do circuito profissional, seu posicionamento já estava consolidado. Ela não chegou a vencer um torneio de golfe profissional, mas provavelmente ganhou mais dinheiro com isso do que qualquer outra jogadora da história do golfe feminino.

Outro exemplo é a modelo Jean Shrimpton, que, no fim dos anos 1960 e no início dos anos 1970, era conhecida como "o rosto mais famoso do mundo". Quando Jean se aposentou da vida de modelo, mudou-se para Cornwall, na Inglaterra, e abraçou o papel de esposa e mãe.

O contraste marcante em seu estilo de vida — do glamour, dos flashes e das capas da *Vogue* para a rotina de dona de casa no interior da Inglaterra — proporcionou uma oportunidade de posicionamento interessante: a de uma modelo de fama internacional que renunciou a todo o glamour em troca dos prazeres mais simples da vida familiar. Hoje, Jean trabalha apenas alguns dias por ano, ganhando cachês consideráveis para estrelar campanhas publicitárias voltadas para a família e produtos domésticos.

Posicionamento 3: utilizando espelhos

Eis o tipo de posicionamento mais sofisticado, mas que pode sair pela culatra tanto quanto pode dar certo. Trata-se não de contestar ou ignorar os fatos, mas sim de refleti-los para criar a percepção desejada.

ISSO VOCÊ NÃO APRENDE EM HARVARD

Para isso é preciso começar usando a percepção, e depois trabalhar de trás para a frente.

O melhor exemplo que posso dar é o *The Killy Challenge*, um programa de TV que criamos após as três medalhas de ouro olímpicas de Jean-Claude Killy.* Era importante, para assegurar a credibilidade de Killy no merchandising, que ele continuasse a ser percebido como um vencedor, como o melhor do mundo. *The Killy Challenge* era uma série de corridas em declive nas quais os melhores esquiadores do mundo desafiavam a supremacia de Killy. Mas, como Killy era "o melhor", o oponente sempre tinha uma vantagem inicial, e, no esqui, uma vantagem de vários segundos pode significar várias dezenas de metros.

Visualmente, o drama nunca foi uma questão de Killy ganhar ou perder, mas se ele alcançaria ou não o outro esquiador a várias dezenas de metros. Era Killy, "o melhor do mundo", contra ele mesmo; o oponente servia apenas como um parâmetro. A impressão desejada era alcançada antes mesmo de ele deixar o portão de largada.

Posicionamento 4: criação de imagens

Outro tipo de posicionamento envolve transcender os fatos — associar o seu produto ou serviço a valores positivos e desejáveis que têm pouco ou nada a ver com o próprio produto. Essa é uma abordagem comum em empresas de primeira linha: a Coca-Cola se posicionou no topo valendo-se da figura da mãe e da torta de maçã; a AT&T e a GE deram ênfase aos valores familiares e aos sentimentos do lar; as empresas de petróleo se tornaram "ambientalistas"; e a IBM e a Xerox promoveram um padrão de excelência superior ao das concorrentes.

Fazemos isso em menor escala com nossos clientes do mundo dos esportes. Os atletas não vencem para sempre, e sempre achamos importante "tirá-los de campo" o mais rápido possível. Isso não significa aposentadoria forçada. Significa posicioná-los de tal maneira que a

---

* Ex-esquiador alpino francês três vezes campeão olímpico e três vezes campeão mundial, Killy ganhou a "tripla coroa" do esqui alpino com três medalhas de ouro nos Jogos Olímpicos de Inverno de 1968, em Grenoble, nas modalidades de slalom, slalom gigante e downhill. [N. da E.]

sua fama não dependa mais da conquista de campeonatos ou do domínio do esporte que os tornou famosos.

Para nossos clientes de golfe e tênis, geralmente evitamos o que chamamos de "anúncios vencedores" — televisão ou publicidade impressa voltada ao status do cliente como atual campeão de um grande torneio. Afinal, o que acontece quando ele não for mais o campeão atual? Chamar Bjorn Borg de "cinco vezes campeão de Wimbledon" ofusca totalmente o fato de ele não estar mais jogando em Wimbledon.

Jackie Stewart é outro exemplo: ele não corre competitivamente há décadas, mas sua imagem como especialista em automóveis, como "conhecedor da aerodinâmica", transcende o esporte, a necessidade de vencer — ou mesmo de competir.

COMO DETERMINAR VALOR

Muitas vezes, não é possível. Mas as respostas comuns dos negócios — "o que alguém está disposto a pagar" ou "quanto nos custaria fazer" — geralmente são piores do que não responder nada. As empresas de produtos de consumo são muito culpadas por isso: o preço se torna uma função dos custos de fabricação.

Para determinar o valor do que você está vendendo, é útil fazer a si mesmo algumas destas perguntas:

- O quanto esse produto é exclusivo? Ele pode ser comprado a um preço menor com o concorrente? Nesse caso, existem algumas vantagens qualitativas reais para o meu produto?
- Posso vendê-lo mais caro do que os concorrentes?
- O quanto ou quão rápido os clientes precisam dele?
- Quanto custaria para substituí-lo?
- Há precedentes que possam me ajudar?
- Existe um "fator paixão" associado? Suponha que você está com desejo de tomar uma casquinha de sorvete e, ao chegar à loja, descobre que ela dobrou de preço. Você ainda compraria?
- É um negócio de uma única vez ou será o futuro?

Quando chegar a uma boa ideia do valor, não tenha medo de estabelecer seu preço. Na verdade, essa é uma circunstância da negociação na qual pode ser vantajoso sair na frente. E, uma vez que está trabalhando com uma previsão, em último caso, sempre tente se resguardar para a possibilidade de um sucesso.

Há alguns anos, a Norfolk and Western Railroad tentava obter a operação ferroviária dos Estados Unidos da Fuji Iron & Steel Company. Eles descobriram que o presidente da Fuji era fanático por golfe e fã de Jack Nicklaus, então sugeriram que armássemos um encontro entre o presidente da Fuji e Jack, no Japão. Cobramos 10 mil dólares (em meados dos anos 1960!) mais as despesas (tínhamos de levar Jack para o Japão) e achamos ter feito um bom negócio.

Cinco anos depois, encontrei o vice-presidente de Norfolk and Western. Ele mencionou o encontro de Nicklaus e Fuji e disse: "Lucramos cerca de 17 milhões de dólares em transportes com a Fuji desde então." Nós não tínhamos como saber disso, mas a Norfolk and Western também não. Desde então, sempre me pergunto por que não adicionei a cláusula "mais 1% em qualquer negócio subsequente à transação". Acho que eles teriam concordado.

9

ESTRATAGEMAS

LOCALIZAÇÃO

As pessoas costumam subestimar a importância de um ambiente propício para vendas. Assim como há um momento certo para fazer uma venda, costuma haver um lugar certo para tal. O pior lugar é sempre o escritório do comprador. Um almoço após um jogo de tênis, de golfe ou qualquer lugar em que a pessoa esteja mais receptiva e com a guarda baixa é sempre melhor.

Conheço um produtor que conseguiu 65 horas de programação na TV com base na apresentação de um piloto de meia hora. Em um sábado, ele exibiu o piloto na casa do executivo, em sua sala de estar, em sua tela gigante, ao lado da esposa do sujeito e de seus dois filhos — enquanto todos comiam pipoca. O que o executivo poderia dizer? "Não gostei. Devolva a minha pipoca e vá embora da minha casa"?

Um de nossos serviços mais eficientes é dedicado a ajudar os clientes corporativos a "situarem" os seus esforços de vendas. Por exemplo, organizamos passeios anuais de esqui para a revista *Time* e passeios anuais de golfe para a *Newsweek* com o objetivo de entreter os CEOs de seus principais anunciantes. As locações são sempre espetaculares; se você fosse esquiador ou golfista, onde preferiria conversar sobre negócios: em seu escritório, em uma estação de esqui em Sun Valley ou na sede do clube em St. Andrews? (Isso também dava às revistas acesso direto ao alto escalão, no caso de algo dar errado no nível publicitário.)

Um encontro casual em um local não comercial também pode apresentar uma oportunidade. Você já se encontrou de repente, em uma praia ou um clube de tênis, com uma pessoa com quem mantém uma relação estritamente profissional? A experiência costuma envolver algum constrangimento, porque ambas as partes querem evitar ao máximo "falar de negócios". Mas fale mesmo assim. Isso não apenas acabará com o constrangimento, como também dará início a conversas que podem ser continuadas no escritório.

AS CONDIÇÕES PRÉVIAS DE UMA VENDA

Durante vários anos, tentamos vender à Ford e à sua divisão Lincoln Mercury todo tipo de projeto nos quais nossa empresa estivesse envolvida. Eu sobrecarreguei Ben Bid, então gerente-geral da Lincoln Mercury, com proposta atrás de proposta. Certo dia, provavelmente movido por um sentimento de frustração, ele me ligou e disse: "Mark, você não tem a menor ideia de como se vende para a Ford Motor Company; se você trouxer algumas pessoas aqui e nos deixar explicar isso, nos pouparia muito tempo no futuro."

Levei dois de nossos executivos até Dearborn, em Michigan, onde, ao longo de várias horas, recebemos uma doutrinação completa sobre o que a Ford estava buscando, como deveríamos apresentar nossas propostas e a quem. Essa reunião levou à criação do World Invitational Tennis Classic, que foi prazerosamente patrocinado pela Ford e transmitido pela *ABC* nos anos seguintes.

Mais importante ainda, isso me permitiu entender duas condições prévias de quase todo esforço de vendas bem-sucedido. Primeiro: descobrir o que as pessoas querem comprar. Se não souber, pergunte. Descubra os problemas da empresa e mostre como você pode ajudar a resolvê-los. É muito mais fácil vender o que as pessoas querem comprar do que convencê-las a comprar seja lá o que você estiver vendendo. Segundo: descobrir quem é responsável pela compra. Toda empresa tem seu sistema, seus procedimentos e sua hierarquia para a tomada de decisões. Simplesmente aceite.

OUÇA ALGUNS NÃOS

As pessoas têm necessidade de dizer não, então deixe que digam.

Se tiver uma lista de compras, acrescente alguns chamarizes. Colha algumas negativas antes de chegar ao que realmente deseja vender. Se você estiver ali para vender apenas uma coisa, faça uma sugestão ou suposição e deixe que eles apontem o erro. É importante que as pessoas também possam se sentir mais espertas do que você.

Alguns nãos estratégicos criam o ambiente certo para um sim.

VENDA NA DEFENSIVA

As empresas do tipo Hertz, Avis, Coca-Cola e Pepsi não são as únicas no mundo que estão de olho na concorrência, reagindo à altura. Eu diria que 99,999% das empresas fazem isso. Portanto, descubra quem os seus futuros clientes odeiam. Esse conhecimento pode ajudá-lo a atraí-los para o seu negócio, principalmente se eles estiverem em cima do muro, prontos para tombar para um dos lados.

EXPONHA EM VEZ DE VENDER

Muitas vezes, a melhor abordagem de vendas consiste apenas em expor um produto a um potencial comprador e deixar o produto falar por si. A mente do comprador vai percorrer as possibilidades, e, com as suas próprias palavras, ele começa a dizer — e a se convencer no processo — o que quer comprar.

Essa técnica foi bastante eficaz na venda de comerciais para eventos especiais, como o Prêmio Nobel e Wimbledon. Apenas expor o cliente à tradição e ao prestígio de tais eventos — como convidados do rei e da rainha da Suécia ou do All-England Club — é o suficiente em termos de esforço de venda. Os clientes absorvem a atmosfera e ficam envolvidos nela; surge nesse momento o desejo de fazer parte dessa experiência e eles começarão a desenvolver seus próprios "ataques" promocionais para, então, nos vender.

Se você confia no seu produto e sabe que o cliente ficará satisfeito, uma alternativa igualmente eficaz é lhe dar o produto. Em nosso esforço para convencer empresas a fazerem uso promocional de nossos golfistas ou tenistas, já permitimos o uso da imagem do atleta sem cobrar, sabendo que a sua personalidade nos ajudaria a convencê-las.

Eu também acredito muito em oferecer um produto ou serviço e dizer ao cliente que podemos estabelecer o preço mais tarde ou que ele pode estabelecê-lo para nós, com base no que achou que valeria a pena. Repito: você precisa conhecer o seu cliente. Existem pessoas que adicionariam mais um zero e outras que provavelmente subtrairiam um.

DEIXE-OS INTERESSADOS

Quando a empresa demonstra interesse verdadeiro pela ideia, produto ou conceito que você apresentou, mantenha esse interesse. Peça as opiniões deles sobre o negócio e permita que eles moldem a sua ideia ou apresentação: "Estávamos pensando nisso e naquilo"; "Não seria melhor enfatizar isso ou aquilo?"; "Gostaríamos de saber a sua opinião sobre o seguinte". É sempre melhor solicitar esse tipo de informação por escrito, porque isso exige maior reflexão na resposta. Pelo mesmo motivo, também é melhor evitar perguntas que possam ser respondidas com sim ou não.

Não há nada mais fácil do que fazer uma pessoa comprar a própria ideia. Se você conseguir obter respostas suficientes sobre os detalhes, as pessoas se comprometerão com o negócio em um nível maior muito antes de perceberem.

Da mesma forma, estipule de antemão os objetivos mutuamente aceitáveis, que possam ser definidos com clareza e precisão. Qualquer proposta, conceito ou ideia que responda diretamente a esses objetivos está a meio caminho de ser vendida.

USE A "APROVAÇÃO INTERNA"

O chefe de nosso departamento de televisão uma vez se aproximou de mim e me pediu para participar de uma reunião. Ele antecipava o fechamento de uma venda, mas era uma situação complicada envolvendo várias partes. Todos queriam fechar o negócio, mas o modo como tais partes interagiriam ainda não havia sido detalhado, ou seja, quem faria o que e por quanto. Ele sentiu que a minha presença seria útil para "o nosso lado".

Mas eu discordava e optei por não comparecer. Meu raciocínio era muito semelhante ao que tenho sobre gestão de crise: a melhor primeira reação é não reagir. Minha presença significaria que eu precisaria reagir. Eu queria manter as nossas opções em aberto até que tivéssemos a chance de analisar os resultados daquela reunião, então preferi que esse executivo dissesse que aprovaria a decisão internamente (no caso, me consultaria) antes de fechar qualquer compromisso.

Nas vendas, as pessoas justificam seus movimentos com aprovações internas o tempo todo, mas acho que isso costuma ser feito por praticidade, e não por estratégia. Na maioria dos casos, é mesmo necessário aprovar o orçamento com outra pessoa, mas esse recurso é igualmente útil nos casos em que não é necessário consultar mais ninguém.

Fora de nossa empresa, a maioria das pessoas com quem lido supõe que sou a autoridade final para a tomada de decisões, mas raramente me comprometo até que eu tenha "consultado" o executivo ou o chefe de divisão responsável.

O inverso disso também pode funcionar a seu favor. Em qualquer situação comercial nova, sempre que ouço um "sou eu quem toma as decisões aqui" e tenho motivos para acreditar que a pessoa está falando a verdade, meus lábios começam a estalar. Essa pessoa já anulou a sua primeira linha de defesa.

EXIBA-SE

Conheci o responsável por nossa divisão de vestuário há mais de vinte anos. Na época, ele era presidente de uma grande confecção e me telefonara, em Cleveland, para demonstrar interesse em associar Gary Player a uma de suas linhas de vestuário. Marcamos um encontro: no escritório dele, em Nova York, às nove da manhã seguinte.

Anos depois, ele me disse que, quando eu ofereci a ele um cargo com a gente, foi essa uma das principais razões pelas quais ele aceitou. Ele ficou tão impressionado com o fato de eu ter entrado num avião e aparecido na manhã seguinte que achou que aquela seria uma empresa interessante para trabalhar.

Hoje, meu cronograma é tão apertado (e às vezes planejado com seis meses de antecedência) que não posso fazer isso tantas vezes quanto gostaria. Mas uma das melhores técnicas de vendas que conheço é perguntar quando a pessoa pode nos encontrar — e, então, aparecer o mais rápido possível. Geralmente, quanto mais longe você precisar voar, mais impressionante a estratégia parecerá.

DIVIDIR PARA CONQUISTAR

Provavelmente, seria mais apropriado dizer "unir para conquistar", embora as pessoas que você estiver "unindo" nem sempre concordem com isso.

Sugira a mesma ideia para dois executivos-chave da mesma empresa. Se você conseguir fazer ambos concordarem separadamente que a ideia é válida, então, quando os juntar, provavelmente conseguirá efetuar uma venda.

Basicamente, o que você fará será atuar como intermediário: "Bob, o Bill gostou muito disso" e "Bill, o Bob gostou muito disso". Cada um ficará tranquilo com o desejo do outro de fechar o negócio; cada um poderá receber crédito pelo conceito; e cada um se sentirá menos em risco. Você também estará acelerando o processo de compromisso ao forçar uma decisão sem parecer estar forçando.

Já caímos em uma versão dessa técnica, à qual começamos a nos referir internamente como "o truque da Fila".

A Fila é a empresa italiana de roupas esportivas que fabrica e licencia as roupas de tênis de Bjorn Borg. Nos primeiros dias de negociação com a Fila, o time deles fazia a mesma pergunta — geralmente sobre o que Borg faria ou não faria em termos de compromissos e de tempo — para cinco ou seis pessoas em nossa empresa. Como estavam lidando conosco em várias partes do mundo, eles se tornaram muito proficientes nessa tática. Ou seja, usavam o que foi dito na Austrália como uma vantagem no Japão, o que foi dito no Japão como vantagem na Inglaterra e assim por diante, até darem a volta ao mundo — combinando o melhor de cada resposta em uma única resposta muito favorável a eles.

VENDA DE UMA PESSOA PARA OUTRA

Odeio apresentações de vendas feitas para um grupo grande de pessoas e as evito sempre que possível. Para mim, mais de uma pessoa já é um grupo grande.

Encontre a pessoa decisiva e venda individualmente. Tentar abordar mais de uma pessoa ao mesmo tempo introduz na dinâmica as relações interpessoais do grupo, o que em geral é prejudicial ao seu objetivo. Não dá para saber quem está lá para impressionar quem, quem só está interessado em causar boa impressão ou manchar a imagem de alguém. Você pode até suspeitar, mas, a menos que seja um deles, não terá como saber.

Aborde diretamente a pessoa decisiva e, se ela gostar do que você está propondo, ela mesma venderá a ideia a seus pares dentro da empresa.

A SÍNDROME DO MENU CHINÊS

Geralmente, há mais de uma maneira de resolver um problema de marketing, e é de responsabilidade do vendedor encontrar o melhor caminho e enfatizar isso enquanto menospreza os demais. Não fique preso na armadilha de escolher um da coluna A e dois da coluna B.

Se você der uma escolha ao comprador, introduzirá uma nova camada no processo de tomada de decisão. Você não apenas estará pedindo a um cliente que se comprometa, como também estará perguntando com o que ele quer se comprometer.

Tivemos situações em que propusemos mais de uma solução para o problema de um cliente em potencial. O que costuma acontecer é ele gostar de um pouco de cada solução. Isso soa fantástico, mas não é. Ao oferecer uma opção, você faz com que o cliente se concentre também no que ele não gosta em cada solução.

LEMBRE-OS DE SEU PASSADO GLORIOSO

Frequentemente menciono o nome de Arnold Palmer em conversas de negócios, incluindo aquelas que nada têm a ver com Arnold e nada a ver com golfe. Simplesmente porque o sucesso financeiro de Arnold e o papel que desempenhamos para tal são dois dos feitos pelos quais nossa empresa é mais conhecida. Meu relacionamento com Arnold é mais lembrado do que eu mesmo: "Ah, sim, o cara que agencia o Arnold Palmer."

No mundo corporativo, todos querem fazer negócios com vencedores. Isso ajuda a conscientizar os clientes atuais tanto de suas grandes vitórias quanto das de sua empresa. Não estou dizendo que devemos viver nos gabando, mas sim que podemos fazer isso de muitas outras formas, mais sutis.

Mencione os seus créditos e as suas realizações, ou o nome de outros clientes de primeira linha, não como declarações diretas, mas para exemplificar as coisas que você já fez e que gostaria de fazer para o novo cliente.

FERRAMENTAS DE CORRESPONDÊNCIA

O formato da correspondência comercial padrão, quando usado com cuidado e discrição, pode ser uma ferramenta de venda interessante.

Cópias abertas para o chefe de alguém

Isso praticamente garante uma resposta e talvez uma resposta mais rápida do que o normal. Mesmo que você não conheça o superior do destinatário, dará a impressão de que conhece. As cartas também podem ser escritas dessa maneira — embora essa técnica geralmente seja mais preferível por telefone —, dando a entender que o superior gostaria mesmo que o negócio seguisse em frente.

As armadilhas da cópia aberta para o chefe de alguém são óbvias, sobretudo se você souber que o destinatário é o principal tomador de decisões. Costumo usá-la só como último recurso — quando os esforços tradicionais se esgotaram e estou razoavelmente certo de que o destinatário, se deixado por conta própria, continuará a ignorar cartas e telefonemas.

Cópias ocultas para o chefe

Uma cópia oculta para o superior imediato do destinatário pode ser ainda mais eficaz. Obviamente, nesse caso, você conhece melhor o superior e sabe que ele discutirá o conteúdo de sua mensagem com o destinatário.

Isso é mais útil nas situações em que o seu contato inicial ou as discussões foram com o superior e o assunto deles foi delegado ao destinatário. Portanto, é perfeitamente legítimo enviar uma cópia para o chefe do destinatário. Por ser uma cópia oculta, a partir daquele dia, o destinatário nunca saberá para quem mais você estará copiando e terá mais cuidado com o conteúdo de sua carta.

"Ditada, mas não lida"

Trata-se de quando você não consegue revisar uma mensagem ditada depois que ela foi digitada e pode ser útil como teste para expressar algo de modo mais agressivo do que você faria se tivesse a "oportunidade" de atenuar o texto. Se o destinatário achar ofensivo ou reagir exageradamente, você pode se retratar pela forma como o texto foi escrito, mas, ainda assim, terá dito o que queria.

NÃO FOI INVENTADO AQUI

O complexo do "não foi inventado aqui", que significa desprezar uma ideia ou um conceito de alguém porque não foi você quem inventou, é um dos maiores problemas de vendas que enfrentamos em todas as divisões de nossa organização.

Muitas vezes, somos contatados diretamente por empresas que perguntam sobre os serviços de um de nossos atletas ou sobre a implementação de uma campanha esportiva. Depois que desenvolvemos um programa de que todo mundo parece gostar, a empresa se sente obrigada a aprová-lo com sua agência de publicidade. A agência, por não ser autora da ideia, sente-se igualmente obrigada a sabotá-la.

Eu costumava acreditar que o complexo do "não foi inventado aqui" era exclusivo do nosso mercado, mas já conversei com muitas pessoas em várias empresas e entendi que o problema não só é generalizado, como pode ser endêmico. Há uma tendência, talvez até uma necessidade, de derrubar qualquer ideia que não seja sua.

A sabedoria popular nos ensina que, para lidar com esse problema, devemos fazer com que as pessoas pensem que a ideia foi delas. Esse é um conselho muito bom em matéria de vendas, mas totalmente impraticável e inútil ao lidar com o complexo em si. Qualquer esforço nesse sentido ficará óbvio e soará arrogante. A solução prática é fazer as pessoas enxergarem como a ideia pode beneficiá-las.

É nítido para mim, por exemplo, que, se uma proposta chega à etapa de revisão pela agência de publicidade, significa que alguém (provavelmente vários "alguéns") no time do cliente gostou daquilo. Mas já vi a paranoia se tornar tão desenfreada que a agência de publicidade começa a desfigurar a ideia antes mesmo de fazer perguntas sensíveis, como quem do time do cliente gostou da ideia, e por quê. É lógico que, se isso é tão nítido para mim, é meu trabalho tornar igualmente nítido para a pessoa que faz a revisão; eu devo mostrar como ela pode ganhar com aquilo.

Certa vez, conheci o presidente de uma empresa da Fortune 500 em circunstâncias mais ou menos de negócios e, durante uma conversa, mencionei um conceito que estávamos desenvolvendo e que achava que seria apropriado para a empresa dele. Vi que os olhos dele brilharam, mas ele me disse que qualquer coisa nesse sentido teria de passar pelo merchandising deles e me deu o nome da pessoa com quem eu deveria entrar em contato.

Várias semanas depois, quando procurei essa pessoa, a ideia foi recebida com um desinteresse esmagador. Como rebote, detalhei a ocasião em que havia conhecido o chefe da pessoa, a reação que percebi da parte dele e então sugeri que seria do interesse desse diretor de merchandising saber mais sobre o que tínhamos em mente. No fim, todo mundo se entendeu. Vendemos a ideia, a ideia funcionou, e, embora ela não tenha vindo do diretor de merchandising, ele ficou com todo o crédito da operação dentro da empresa.

RECURSOS VISUAIS

A RockResorts, rede de resorts de luxo da família Rockefeller, estava construindo um dos resorts mais glamourosos do Havaí, chamado Mauna Kea, e Laurance Rockefeller e sua equipe haviam saído de Nova York para um dia inteiro de reuniões. Decisões cruciais teriam de ser tomadas, envolvendo milhões de dólares em despesas e compromissos.

Ao que parece, logo no início dessas reuniões, alguém levou amostras de cores dos diversos motivos que estavam sendo avaliados para as toalhas das mesas de jantar. As pessoas na sala ficaram tão interessadas nas amostras — cada uma dando a sua opinião de decoração — que, quando chegou a hora de Rockefeller voltar para Nova York, a maioria dos principais problemas não tinha sido resolvida.

Nunca vi uma má ideia ser vendida por causa de excelentes recursos visuais e nunca vi uma boa ideia não ser vendida pela falta deles. Além disso, se não forem usados adequadamente e com tempo o bastante, os recursos visuais (desde tabelas e gráficos a elaborados programas multimídia) podem prejudicá-lo.

Em primeiro lugar, as pessoas têm opiniões sobre tudo. Se você não tomar cuidado, a conversa pode enveredar para uma crítica aos seus recursos visuais em vez de focar no que você está ali vendendo. Em segundo, se forem usados muito cedo na apresentação, esses recursos podem se tornar uma distração. Subitamente, todo mundo está brincando com essas ferramentas enquanto sua estratégia (e seu plano de vendas) sai pela culatra.

Até que você esteja pronto para a parte do "show", mantenha os recursos visuais fora de vista. Não deixe as pessoas curiosas com o que você tem guardado naquela caixinha preta.

10

NEGOCIAÇÃO

Já ouvi ou li em diversas ocasiões que sou um negociador "durão" ou "obstinado". Provavelmente não é uma má reputação — as pessoas esperam que eu mencione grandes cifras —, mas prefiro pensar em mim como um negociador eficaz em vez de durão.

Para ser sincero, tenho mais orgulho da minha capacidade de vendas do que das minhas habilidades de negociação, porque é muito mais difícil fazer alguém querer comprar algo do que definir os termos sob os quais essa pessoa está comprando. Na verdade, muitas vezes vejo a negociação como a última etapa de um esforço contínuo de vendas, o ápice de um processo que pode durar vários meses ou mais.

Quando finalmente chega a hora de negociar, determinados princípios se aplicam.

O QUÊ, QUANDO, ONDE, QUÃO EXCLUSIVO E QUANTO?

As cinco perguntas acima devem ser respondidas durante a negociação. Cada uma pode ser detalhada, limitada ou combinada conforme determina a negociação.

Mesmo em casos de negociação de imóveis, nos quais as cinco perguntas geralmente não se aplicam, ainda é uma lista útil a ser apresentada. Elas podem fornecer soluções ("Em vez de comprar este imóvel, suponha que eu o alugue por 99 anos") que não haviam sido contempladas no início da negociação.

O quê

O que exatamente você está vendendo? Com as celebridades, tudo se resume a duas coisas: seu nome e seu tempo. Mas essa pergunta ainda está longe de ser respondida. Quais direitos você venderá para aquele nome e tempo e a que uso se destinam?

O quando

Significa quanto tempo, desde "um período contínuo de oito horas", que pode ser usado para definir um dia útil, até "para sempre".

O onde

"Território", que pode variar de "o mundo inteiro" até "o sul de Cincinnati", é um campo interessante para negociações e contratos multinacionais e multirregionais. Temos várias filiais de televisão, por exemplo, licenciadas em mais de cem territórios, alguns dos quais são definidos por fronteiras nacionais, outros por um idioma comum. É por causa do aspecto territorial da negociação que temos tantos escritórios em todo o mundo — e nos mantemos muitos passos à frente de nossos concorrentes.

O quão exclusivo

Descobrimos que esse é um detalhe atrativo da negociação. Até que ponto o comprador deseja (e estamos dispostos?) excluir o restante da concorrência? Isso pode significar exclusividade do produto, exclusividade em todo o setor, exclusividade territorial, exclusividade "inicial" — todo tipo de coisas interessantes quando ligadas a outros aspectos da negociação.

O quanto

Isso significa dinheiro, mas não necessariamente só isso. Também pode significar ações, valores mobiliários e outras formas de investimento. Para nós, muitas vezes, significa "quanto tempo". O tempo é a mercadoria mais importante para um atleta profissional ativo. Afinal, ele deve passar a maior parte de seu tempo treinando ou em torneios ou jogos. Como o tempo não pode ser fabricado nem expandido, protegemos com unhas e dentes o número de "dias pessoais" que o atleta cede ao cliente.

NÃO SE DETENHA NA QUANTIA

Isso sempre me lembra do "método da tacada de beisebol" para fazer uma escolha: na metade da tacada você já sabe como ela vai terminar.

Quando uma parte começa com vinte, a outra com dez e você termina com quinze, isso não é uma negociação, é dividir a diferença.

Além disso, você corre o risco de nenhuma das partes ficar "satisfeita" com quinze e ambas sentirem que estão "perdendo" caso aceitem menos do que isso.

Não lide com números isoladamente. Toda negociação é um processo mais intricado e sutil do que isso. Números são apenas uma parte — nem maior nem menor do que as outras — dela.

GRANDES EMPRESAS NÃO SIGNIFICAM MUITO DINHEIRO

Quanto maior for a empresa, mais dinheiro tem para gastar. Na teoria, de fato; na prática, acontece exatamente o oposto. Quanto maior é a empresa, mais subdividida, o que significa que mais orçamentos precisam ser solicitados para obter a aprovação final.

Vi contratos de milhões de dólares sendo assumidos por uma única pessoa em uma empresa de médio porte e vi uma das maiores empresas dos Estados Unidos exigir seis decisões diferentes de seis divisões diferentes para aprovar uma despesa de 50 mil.

DEIXE A OUTRA PARTE TOMAR A INICIATIVA

Muito frequentemente, é uma boa ideia deixar a outra parte começar a tratar dos termos e das cifras. No mínimo, isso revelará o que ela está pensando. Houve muitas ocasiões em que a primeira oferta da outra parte foi superior à oferta inicial ou mesmo à oferta final que eu tinha em mente.

Às vezes, você pode obter as cifras da outra parte fazendo uma série de perguntas hipotéticas baseadas principalmente nos termos dela: "Se você fizesse isso e nós fizéssemos aquilo, quanto isso poderia custar?" "E se colocarmos isso e adicionarmos aquilo?" "Hipoteticamente, quanto isso ficaria em dólares?"

JOGUE EM ALTO NÍVEL

Quando confrontado com a necessidade de expor seus termos ou seu preço, analise a média das últimas negociações e corra atrás do número mais alto da sua média: "Bem, em uma transação recente, quando vendemos x para a empresa y, recebemos z."

Não há desafio nenhum nessa abordagem. Isso só demonstra o seu posicionamento sem fazer com que a outra parte entre na defensiva... e a leva a enxergar você em um nível mais alto.

NÃO NEGOCIE COM NÚMEROS REDONDOS

Quantias exatas imploram para serem negociadas, geralmente criando uma contraproposta também em valor exato. Números quebrados parecem mais inflexíveis, mais firmes e menos negociáveis.

Detesto ouvir "cem mil dólares" em uma negociação: é o número mais negociável do mundo. Peça 95.500 ou 104.500 dólares. De uma forma ou de outra, é provável que você lucre mais do que isso.

NEGOCIE COM TRUQUES PSICOLÓGICOS

Ao longo dos anos, fizemos um ótimo uso de truques psicológicos — questões de negociação que parecem bem inocentes na superfície, mas têm impacto psicológico forte e implícito. Eles são um câmbio excelente, porque seu poder raramente é compreendido pela outra parte. Lembro-me de inúmeras ocasiões em que usamos isso para resolver impasses, dando à outra parte exatamente o que ela queria, ao mesmo tempo que a mantínhamos desavisada do quanto estávamos recebendo em troca.

Uma das minhas primeiras experiências com isso aconteceu com a Slazenger, na Austrália, quando negociávamos a extensão do contrato de equipamentos de Gary Player. A Slazenger queria um contrato de curto prazo: um ano com opções renováveis. Estávamos relutantes em ceder, porque, se não desse certo por algum motivo, Gary teria dificuldade de negociar contratos com outros fornecedores de equipamentos na Austrália. Mas a Slazenger não cedeu nem por um segundo — ou, nesse caso, nem um diazinho sequer —, até que bolamos o que, mais tarde, apelidamos internamente de "cláusula de rescisão australiana": o contrato poderia ser rescindido por qualquer uma das partes desde o momento em que fora assinado, mas com cinco anos de aviso prévio.

Minha teoria era que a Slazenger resistiria em rescindir com qualquer pessoa com quem ainda estivesse pessoalmente afiliada e financeiramente comprometida por mais cinco anos e se esforçaria mais para que isso nunca ocorresse.

O contrato de Gary com a Slazenger ultrapassou duas décadas.

No final da década de 1960, chegamos a um impasse semelhante entre a Allstate Life Insurance e Arnold Palmer, novamente envolvendo a duração do contrato. Queríamos um contrato de quinze anos, e, embora Judson Branch, CEO da Allstate na época, não se opusesse, ele planejava se aposentar em breve e não queria sobrecarregar o seu sucessor com um compromisso de tão longo prazo. Sendo assim, ele insistia em um contrato de três anos com opções de renovação. Eu estava mais apreensivo do que o normal. Sabia quem seria o novo CEO e sabia que seu ego detestaria compartilhar os holofotes com Arnold. Ou seja, era muito provável que ele nunca estendesse ou renovasse o contrato se pudesse sair dessa sem se queimar.

No fim das contas, concordamos com um contrato de quinze anos com possibilidade de multa rescisória aos três anos. O segredo: tornar a multa um pouco maior do que a taxa anual de manutenção.

Eu tinha duas teorias a esse respeito. Em primeiro lugar, uma coisa é não renovar um contrato; outra muito diferente, no nível psicológico, é ir até Arnold e dizer: "Queremos romper com você." Em segundo, mesmo que a Allstate decidisse rescindir, senti que poderia convencê-los a prorrogar por mais um ano (e depois outro e mais outro), desde que a multa rescisória fosse maior do que a taxa de manutenção anual.

O contrato continuou por muitos anos, mesmo com o novo CEO.

EVITE CONFRONTOS

Por algum motivo, o ato de negociar acabou se confundindo com o ato de dominar, como se o objetivo principal fosse superar o oponente, fazendo-o recuar primeiro. Na verdade, a ideia é chegar a um acordo que seja vantajoso para ambas as partes. Fazer dele uma competição de egos só atrapalha. Não fale coisas como "inaceitável", "é pegar ou largar" ou "isso é inegociável" — nada que faça parecer que você está desafiando a outra parte a contestá-lo. Também evite levantar questões polêmicas, mesmo as que tenham conexão indireta ou insignificante com o negócio ou com a relação comercial.

Esses problemas também costumam ser resultado do ego ou de uma espécie de bravata: "Então você não pode fazer isso" ou "Então vamos desconsiderar isso". Em muitos casos, tais questões podem se transformar em pontos de negociação que, fosse de outra forma, você teria ganhado de cara.

NEGOCIE DE TRÁS PARA A FRENTE

Acho útil tentar descobrir com antecedência aonde a outra pessoa gostaria de chegar — em que momento ela fechará o negócio e sentirá que está lucrando. Isso é diferente de avaliar até onde ela vai. Muitas vezes, você pode encurralar a pessoa e, ainda assim, conseguir um acordo, mas o ressentimento a fará dar o troco.

A melhor forma de descobrir o "ponto mágico" de uma negociação é perguntar, mesmo que indiretamente. É bom tentar obter uma estimativa de vendas: "Ao associarmos isso ou aquilo ao seu produto, quantas unidades você calcula que venderá?" Geralmente, as pessoas aumentam um pouco a cifra para passar uma impressão de competência, mas com esse número podemos determinar valores que as deixem satisfeitas e que podemos justificar segundo a própria lógica delas.

COLOQUE-SE NO LUGAR DO OUTRO

Outra maneira de encontrar esse ponto mágico é se colocar no lugar do outro. Faça-se uma série de perguntas e responda-as como o cliente responderia: "Quais são as 'minhas' verdadeiras limitações?" "O quanto 'eu' quero que esse negócio aconteça?" "Quais são as 'minhas' opções se isso não der certo?" "'Eu' ficarei em uma boa posição com essa ideia ou sempre vou precisar defendê-la internamente?" "Quais garantias 'eu' posso exigir para evitar isso?" Esse exercício pode ajudá-lo a imaginar com mais clareza para onde a negociação caminhará.

CEDA E ENTÃO MODIFIQUE: O USO DO "MAS" E DO "NO ENTANTO"

Reconheça as emoções da outra pessoa. Essa é a técnica psicológica mais antiga do mundo e funciona tão bem em negociações quanto em qualquer outro tipo de interação humana. A impressão será que você aceitou ou se comprometeu com o que está em discussão quando, na verdade, o que você fez foi aceitar como a outra parte se sente.

A oração adversativa, que permite cancelar a primeira parte de uma frase, é uma ferramenta de negociação maravilhosa: "Sim, mas..."; "Eu sei como você se sente, mas..."; "Eu sei exatamente o que você quer dizer e concordo plenamente com você, mas...". Pessoas que dominam essa técnica podem tirar leite de pedra. Elas são capazes de transformar quase toda negociação em uma relação penitente-confessor.

DESVIE COM UMA PERGUNTA

Se você não gostar do que está ouvindo, responda com uma pergunta, mesmo que seja apenas algo como "Por que você diz isso?". Assim, o outro lado pode examinar mais atentamente o próprio discurso e lhe dar tempo para suavizar a sua própria resposta. E, no mínimo, vai mantê-lo falando enquanto você continua ouvindo.

QUESTIONE POSIÇÕES, MAS NÃO AS IGNORE

Já estive em várias negociações nas quais disse algo, ou respondi de alguma forma, e a outra pessoa continuou falando como se eu não tivesse dito nada. Não há nada mais frustrante em qualquer tipo de comunicação comercial, ou mais prejudicial a uma negociação, do que a sensação de estar falando com a parede.

Fazer-se de idiota é uma técnica válida de negociação, e "eu não estou entendendo" é uma resposta legítima, mas ignorar os argumentos da outra parte ou fingir que você escolheu ignorá-los só criará frustrações. Além disso, quanto mais a outra parte for forçada a repetir seu ponto de vista, mais esse ponto de vista se fortalecerá.

PARA O SEU PRÓPRIO BEM, SUAVIZE

Outra técnica que considero eficaz é suavizar a negociação com combinados que, para mim, não têm muita importância, mas que podem significar muito para a outra parte. Isso pode incluir termos com pouca ou nenhuma relação com o negócio em pauta.

Por exemplo, concordamos em providenciar ingressos especificamente difíceis para as Olimpíadas em um contrato que, não fosse isso, nada teria a ver com o evento. Em outra ocasião, uma excursão social de golfe foi organizada entre um de nossos clientes e o chefe da pessoa com quem estávamos negociando.

Os mestres absolutos dessa técnica são os membros do Congresso, que, como é de costume, satisfazem os interesses de seus constituintes — e, portanto, os seus próprios — com projetos de lei que nada têm a ver com os seus projetos locais de barragens ou criadouros de peixes.

Nunca negligencie as possibilidades de permutar um pouco do seu produto, que você consegue a preço de custo, mas que é valorizado pela outra parte como algo mais próximo do varejo.

GUARDE O SEU CRONOGRAMA PARA SI MESMO

A pressão para fechar um negócio pode levá-lo a dizer e fazer coisas que não são de seu interesse. Se o seu prazo é real e absoluto (raramente é), ou apenas preferível ou conveniente, não informe isso à outra parte. Se ela souber que você tem um prazo, não precisará saber — nem ceder — mais nada. Por outro lado, o prazo deles é uma das informações mais valiosas que você pode extrair.

O próprio tempo, ou a sua passagem, também pode ser um aliado valiosíssimo em uma negociação. A ansiedade e o desejo de fechar acordos geram comportamentos frenéticos, pois existe uma tendência natural a acelerar o processo de negociação em vez do contrário. Obrigue-se a resistir a esse impulso e tente observá-lo nos outros para extrair proveito.

Em negociações que estejam chegando ao fim, mas ainda com pendências, eu me condicionei, com o passar dos anos, a pedir automaticamente para aguardarmos até o dia seguinte. No mínimo, isso me dá tempo para clarear a mente; mas, em geral, isso costuma levar a outra parte a fazer grandes concessões, unicamente para não passar mais uma noite tendo que pensar no assunto.

Também é importante lembrar que não é necessário concordar em todos os mínimos detalhes para fechar um acordo. Temos uma porcentagem significativa de contratos em nossos arquivos que estipulam que determinados pontos serão resolvidos no futuro para permitir que o contrato básico prossiga.

USE A EMOÇÃO

Negociações raramente são assuntos formais resolvidos ao redor de uma mesa. Na verdade, quase todo tipo de problema ou discordância — desde uma ameaça de greve até um "Quem vai pagar esses 500 dólares?" — é resolvido com alguma negociação. Quanto menos formais elas forem, mais provável será que a emoção cumpra algum papel. Quem assumir o controle do lado emocional dessas disputas quase sempre acabará ganhando mais.

Perceba qualquer disputa comercial como o início de uma negociação

Ao fazer isso, você se tornará mais calculista e menos propenso a agir contra seus próprios interesses. Psicologicamente falando, você estará mais propenso a conquistar o que deseja do que a desabafar.

Recue e relaxe

Contenha arroubos de emoção ficando quieto. Diga qualquer coisa — que vai pensar a respeito ou que vai ligar de volta —, exceto o que você provavelmente quer dizer. Perceba a situação como um jogo com vencedores e perdedores, porque é exatamente isto: um jogo de avaliação — quem será o primeiro a vacilar?

Explosões são oportunidades

Aqui estamos falando de negociar no contra-ataque. Quando a outra parte dá o primeiro golpe emocional, ela perde um pouco o controle. Dependendo da sua reação, você aceita o golpe e mantém o controle ou devolve imediatamente e perde.

Aja com raiva, mas nunca reaja com raiva

A raiva e outras emoções intensas podem ser ótimas ferramentas de negociação, mas apenas se forem calculadas, nunca como produtos de uma reação. Li em algum lugar que uma foto do histórico incidente de Nikita Khrushchev na Organização das Nações Unidas (ONU)* revelou que ele estava com os dois pés calçados. Um terceiro sapato "só para bater"? Isso é calculado.

Ocupe a outra parte com questões secundárias

Negociações eficazes exigem absoluta clareza de propósito e capacidade de se concentrar nos fins enquanto se discutem os meios. Se você sus-

---

* O incidente ocorreu em 12 de outubro de 1960, quando Nikita Khrushchev, primeiro secretário do Partido Comunista da União Soviética, bateu com o sapato na mesa em protesto contra um discurso do filipino Lorenzo Sumulong durante a 902ª Reunião Plenária da Assembleia Geral das Nações Unidas, em Nova York. [N. da E.]

peitar que alguém não é um negociador muito bom — mesmo que se orgulhe de ser —, essa pessoa quase sempre ficará satisfeita com algumas vitórias paralelas se você as fizer parecer mais importantes do que são. Ocupe-a com questões secundárias, faça concessões "relutantes" e volte para casa com o grande prêmio.

SEJA SINCERO

A sinceridade, quando usada corretamente, é uma das técnicas mais poderosas e subestimadas que conheço. Quando as negociações se tornam muito tensas, estão prestes a sair de controle ou correm o risco de fracassar, baixar a guarda — "Olha, eu quero muito que isso aconteça" ou "Isso é bem importante para mim" — não só recupera a perspectiva, como também desarma por completo a outra parte. Um impasse que, momentos antes, parecia insuperável começará a se desintegrar, e uma conciliação que parecia impensável finalmente se torna possível.

SUA NEGOCIAÇÃO É FORTE OU FRACA?

Essa é uma pergunta importante a ser feita antes do início das verdadeiras negociações e, geralmente, só pode ser respondida pelo esforço de venda. Quanto é possível forçar a barra? O quanto a outra parte deseja fechar esse negócio? Como ela percebe a sua posição?

É claro que existe uma grande diferença entre posições legítimas de força e fraqueza e a percepção das mesmas. Em geral, o clima de uma negociação envolve dizer e fazer coisas que eliminem percepções muito próximas da realidade e, ao mesmo tempo, incentivar as mais distantes. Internamente, chamamos isso de "driblar e disparar", ou impedir que a outra parte determine a sua posição.

Se estiver negociando com base na força, quanto mais você a revela, mais a outra parte se esforçará para frustrá-lo. Até os compromissos mais óbvios se tornarão impasses, e a outra parte insistirá em levar a melhor em todas as questões menores, porque ela sabe que terá de ceder nas grandes.

Outro perigo do uso da força é a tendência de apenas fechar o negócio em vez de obter o melhor acordo. A força parece reprimir a disposição para ser firme na negociação — ou seja, como as questões maiores já foram concedidas, falta disposição para enfrentar as menores. No entanto, são essas áreas periféricas que fazem a diferença entre um bom contrato e um mediano.

Por último, é preciso extrair o máximo possível de um acordo, mas, antes de tudo, é preciso *chegar* nele. Ao longo dos anos, já me deparei com muitos supostos negociadores durões, mas para quem, a cada negócio enfiado goela abaixo de alguém, havia dois negócios fracassados.

Uma vez que ambas as partes reconheçam, à sua maneira, que podem se beneficiar de um acordo — em geral o estágio em que uma negociação começa —, é inaceitável, exceto em circunstâncias imprevistas, não chegar a um acordo.

CONTRATOS

Geralmente, uma parte se beneficia mais do que a outra com a linguagem vaga ou sem compromisso de um contrato por escrito. Determine de antemão se o que melhor atende ao seu objetivo é um acordo vago ou um acordo blindado.

Prefiro acordos por escrito a contratos mais formais, que tendem a assustar as pessoas. Um contrato bem-elaborado é irrefutável, não contém quase nenhuma linguagem jurídica e parece uma carta de sua família.

Sempre rascunhe primeiro. Depois que você começar a transformar pontos de negociação em linguagem escrita, surgirão diversas perguntas. O desejável é colocar a sua versão no papel primeiro. Há uma exceção: se vocês estiverem tratando de um âmbito jurídico que você desconhece. Observar o que a outra parte incluiu no contrato, ou seja, o que ela considera importante, costuma ser bastante revelador.

Após a formulação da linguagem, registre-a em um aditamento em vez de reescrever do zero e forçar uma nova revisão de todo o contrato. (É impossível para um advogado revisar um contrato pela segunda vez sem inventar pontos adicionais.)

A seção de definições de um contrato deve ser cuidadosamente examinada, se for você quem estiver revisando, e vasculhada em busca de oportunidades, se for você quem estiver fazendo o rascunho. A forma como algo é chamado juridicamente pode alterar o contrato inteiro.

Muitos anos atrás, quando estávamos negociando o contrato do clube de golfe de Gary Player com a Shakespeare Golf, gostaríamos de ter o direito de fazer um negócio à parte para punhos de tacos. Esses produtos são destinados a jogadores que querem substituir por novos os punhos de seus tacos, porque estão gastos ou perderam o toque. Embora não houvesse o menor conflito no contrato com a Shakespeare, sabíamos que eles resistiriam a essa demanda. Assim, na seção de definições do contrato, definimos um taco de golfe como um "flange de metal preso a um eixo de metal ou fibra de vidro através de um tubo". Não mencionamos os punhos, o que nos permitiu fazer um negócio à parte com uma empresa de punhos, e o contrato Shakespeare-Player continuou amigável por muitos anos.

O uso do "juridiquês" deve ser considerado um alerta vermelho. Os advogados em geral recorrem a uma ladainha de palavras, expressões e frases que visam reverter o significado de tudo o que vem antes ou depois.

Divida valores e royalties até o menor denominador comum. Se o contrato incluir mais de um produto ou território, divida os valores, aloque-os adequadamente e faça prestações de contas individuais. (Em diversas ocasiões, essa medida resultou em centenas de milhares de dólares a mais em receita com royalties.)

A velocidade de execução é crítica. O entusiasmo por um determinado negócio diminui com o passar do tempo. Não envie contratos diretamente aos departamentos jurídicos, e sim às pessoas com quem você está negociando. É provável que elas estejam tão impacientes com o seu próprio departamento jurídico quanto você. Internamente, as pessoas costumam dar ok aos termos recebidos, a despeito do próprio jurídico, só para evitar ter de lidar com ele.

Parte três

ADMINISTRANDO UMA EMPRESA

11

MONTANDO UM NEGÓCIO

Atualmente, a IMG é uma empresa de administração, consultoria e marketing que opera com quinze escritórios ao redor do mundo. As atividades de suas doze empresas vão desde o gerenciamento de carreira de muitos astros esportivos até a organização e implementação de eventos esportivos em todo o mundo e a operação de agências de modelos em Nova York e Londres. Em 1984, a receita bruta passou dos 200 milhões de dólares, o que nos tornou uma empresa de pequeno a médio porte no mercado geral, mas uma potência no ramo de esportes: estamos envolvidos em mais de quarenta deles.

Eu não imaginava o que estava por vir quando apertei pela primeira vez a mão de Arnold Palmer, em 1960. Na época, eu era um jovem advogado em busca de uma conexão entre uma das minhas grandes paixões, o golfe, e as atividades comerciais do cotidiano. (Esse ainda pode ser um dos melhores pontapés para uma empresa: pelo que você é loucamente apaixonado? É possível ganhar a vida com isso?)

Como golfista amador, eu era bom o suficiente para me qualificar para o US Open de 1958, mas inteligente o bastante para saber que jamais faria sucesso no circuito profissional. O melhor que eu poderia fazer seria representar aqueles que fariam.

Ao avaliar as decisões que nos ajudaram a crescer, percebo que nada do que fizemos foi muito único ou fora do comum. Nosso sucesso — e digo sem modéstia que tivemos bastante — é a confirmação de que o que é para funcionar realmente funciona e vice-versa. Erguer uma empresa requer principalmente dar ouvidos ao próprio bom senso e, em seguida, tomar as medidas necessárias para transformar teorias em prática.

COMPROMETA-SE, DESDE O INÍCIO, COM A QUALIDADE

Quando comecei a representar Arnold, ele vencera um campeonato importante em 1958, seguido de um ano parado em 1959. Nosso se-

142 | ISSO VOCÊ NÃO APRENDE EM HARVARD

gundo cliente, Gary Player, mal era conhecido nos Estados Unidos quando passamos a representá-lo, embora tenha terminado em segundo lugar no US Open de 1958, atrás de Tommy Bolt. Eu havia ficado impressionado com sua coragem e seu empenho em fazer uma boa partida em ambientes desconhecidos e sob extrema pressão. Quando começamos a representar nosso terceiro cliente, Jack Nicklaus, ele ainda era amador.

Arnold, Jack e Gary são três personalidades completamente diferentes, mas os três compartilhavam a qualidade — a classe — que os tornaria campeões tanto fora quanto dentro do campo de golfe. Eles não eram apenas jogadores de primeira, eram pessoas de primeira.

O que eu tinha em mente era contratar os melhores jogadores a cuja índole uma empresa também gostaria de estar ligada. Só mais tarde eu perceberia — felizmente, não muito tarde — que, na verdade, eu estava assumindo um "compromisso com a qualidade".

Não consigo pensar em nenhum negócio em que esse compromisso não se aplique. Comece com o melhor, ou com quem você acha que será o melhor, e começará com o pé direito. Essa é a única vantagem competitiva absoluta e é como trabalhar tendo uma rede: uma proteção que, no futuro, minimizará as más decisões e maximizará as boas.

SEJA INTELIGENTE O BASTANTE PARA SABER QUANDO VOCÊ TIVER SORTE

Palmer, Player e Nicklaus dominariam totalmente o mundo do golfe por duas décadas. Em 1969, haviam vencido vinte dos principais campeonatos, e a lista de campeões do Masters de 1960 a 1966 foi assim: Palmer, Player, Palmer, Nicklaus, Palmer, Nicklaus e Nicklaus.

Eles ficaram conhecidos como os Três Grandes do golfe, e, caso estivessem entre os nossos primeiros vinte ou dez clientes, toda a minha filosofia sobre negócios poderia ter sido diferente. Mas, com 250 jogadores no circuito, tínhamos apenas três chances e fizemos a proeza de contratá-los. Foi como ganhar na loteria.

A sorte fora gentil conosco, como acredito que costume ser para muitas empresas. Embora eu esteja certo de que teve dedo nosso nessa sorte, o sucesso inicial foi incrível demais para que simplesmente relaxássemos, nos parabenizássemos pelo bom trabalho e esperássemos o raio cair duas vezes no mesmo lugar.

Acho que essa foi uma das decisões mais importantes que já tomamos. Aceitaríamos a nossa boa sorte, mas não ficaríamos esperando sentados até que surgissem outros Três Grandes.

CRESÇA LENTAMENTE

Nas primeiras duas décadas de mercado, nos seis anos iniciais, representamos apenas jogadores profissionais. Eu sentia que tínhamos muito a aprender antes de fazer qualquer outra coisa e queria melhorar antes de crescermos.

Mas muitas empresas, sobretudo no atual cenário altamente tecnológico, não estão dispostas a fazer isso. Elas preferem crescer rapidamente a lucrar rapidamente. Se desacelerassem um pouco, tirassem um tempo para analisar o próprio sucesso e ao mesmo tempo desenvolvessem mais suas habilidades de gestão, provavelmente elas perceberiam que é possível ter as duas coisas: uma taxa de crescimento e uma lucratividade saudáveis. É fato que não podemos estagnar, mas por aqui temos resistido à pressão para crescer rápido demais, e assim continuaremos.

Por volta de 1966, nos tornamos uma grande potência no golfe. Trabalhávamos de forma organizada, com as pessoas certas, e sabíamos para onde estávamos indo. Foi nesse momento que me pareceu mais adequado diversificar.

DIVERSIFIQUE A SUA EXPERIÊNCIA

Se chegamos a ter uma fórmula de crescimento, foi começar com os melhores, aprender com os melhores, expandir aos poucos, fixar o nosso espaço e, então, diversificar horizontalmente nossa experiência.

Em meados da década de 1960, já pensávamos em expandir havia algum tempo, e as escolhas mais óbvias — o tênis ainda era um esporte amador — eram qualquer um dos três principais esportes coletivos: futebol americano, beisebol ou basquete. Porém, aprendemos algumas coisas que tornaram essa escolha menos óbvia.

Em primeiro lugar, éramos mais gerentes do que agentes. Estes cuidam das agendas e negociam contratos de jogadores com os donos das equipes, os quais não existiam no golfe. Nosso interesse e nossa experiência sempre estiveram no desenvolvimento de oportunidades de renda para nossos clientes fora do campo, no estabelecimento de parcerias promocionais e de licenciamento e na gestão dos atletas de forma que lhes proporcionássemos uma renda estável após o fim da carreira esportiva. Também senti que a projeção somente regional da maioria dos atletas de esportes coletivos restringiria drasticamente a sua comercialização. Os golfistas, por outro lado, eram quase tão vendáveis em Tóquio ou Kalamazoo quanto em suas cidades natais.

Em segundo lugar, eu estava bastante convencido de que o "jogador descompromissado", que praticava golfe uma ou duas vezes por semana e assistia a esportes na televisão, se identificaria mais prontamente com Arnold Palmer, puxando as calças para cima no 18º *tee* e contornando o obstáculo no campo com uma tacada de mais de 270 metros, do que com pessoas anônimas usando trajes acolchoados e capacetes.

Nosso objetivo, portanto, era ramificarmos nossa atuação para outros esportes individuais, preferencialmente aqueles com perfil internacional, representando atletas que se beneficiariam da nossa abordagem. Passamos a representar Jackie Stewart, que, em 1969, era o principal piloto de corrida do mundo, e logo acrescentamos vários outros pilotos de primeira linha, incluindo Peter Revson, Mark Donohue, François Cevert e Graham Hill. (Na época, falhamos em reconhecer a principal diferença entre golfistas e automobilistas: o golfe não mata. O custo emocional foi alto.)

Em 1968, quando o tênis perdeu o status de esporte amador, conseguimos assinar com Rod Laver e Margaret Court, à época os principais tenistas, masculino e feminina, do mundo. No mesmo ano, tivemos outra oportunidade: as Olimpíadas, com o reconhecimento de Jean-Claude Killy como a primeira estrela internacional do esqui. Desde então, cada um desses esportes gerou uma leva de clientes, o que nos deu destaque — e domínio — nessas áreas.

Começamos a diversificar a nossa experiência por outras vias. A representação jurídica da elite do golfe nos deu a oportunidade de aprender um pouco sobre várias outras empresas. Aproveitamos esse conhecimento e formamos uma empresa de equipamentos de golfe à parte para Arnold e duas divisões internas de vestuário, uma das quais foi vendida posteriormente para a NBC. No final dos anos 1960, também passamos a representar nossos dois primeiros clientes não esportivos: Hank Ketcham, o criador do personagem Dennis, o Pimentinha, e Jean Shrimpton, modelo de fama internacional.

APRENDA COM OS MELHORES

Creio que é mais importante treinar do que contratar. Após vinte anos de mercado, enxergo isso como um sinal de maturidade. Mas, nos primeiros anos de uma empresa, é muito comum esbarrarmos com lacunas de conhecimento que precisam ser preenchidas para que seja possível continuar crescendo.

Nos anos 1960, começava uma aliança profana entre esporte e televisão. Mutuamente benéfica, a parceria gerou tamanho sucesso que é impossível prever onde terminará. Não deixamos a televisão totalmente de lado, mas sentíamos que nossa experiência era limitada o suficiente para tornar arriscado se aventurar.

Nessa época, um vice-presidente da MCA, Jay Michaels, me abordou em nome do presidente da empresa, Lew Wasserman. Michaels era uma lenda no ramo da TV. Tinha sido responsável pelo acordo de transmissão da incipiente American Football League (AFL), que agiu como um trampolim para sua fusão com a NFL. Provavelmente ninguém sabia mais sobre a relação incestuosa entre esportes e televisão do que ele.

Michaels me contou que Wasserman estava pensando em começar uma divisão de esportes de lazer e queria saber se eu estava interessado em administrá-la para eles. Após algumas consultas e discussões com vários de nossos principais executivos e alguns de nossos principais clientes, recusei a oferta. Senti que nossa independência era importante demais e, como ainda estávamos crescendo, pensei que pudéssemos ser sufocados ao fazer parte de uma empresa maior e mais estruturada.

Entretanto, pouco tempo depois, foi a minha vez de abordar Jay Michaels. Contei-lhe sobre o nosso desejo de nos envolvermos mais com o ramo televisivo, sobre o potencial que eu visualizava e sobre o grau de comprometimento que estava disposto a assumir para tornar isso possível. Ou seja, fui pedir ajuda.

146 | ISSO VOCÊ NÃO APRENDE EM HARVARD

Por acaso, encontrei-o com a situação certa na hora certa, e, em 1967, ele veio trabalhar conosco como chefe da recém-formada divisão de televisão, a Trans World International (TWI). Hoje, a TWI é a principal produtora independente de programação esportiva do mundo e a maior representante mundial de direitos televisivos para eventos esportivos internacionais. Produzimos ou coproduzimos quase duzentas horas de programação esportiva por ano, incluindo *The Superstars* e *Battle of the Network Stars* para a ABC, inúmeros eventos de esqui e atletismo para a CBS, os programas *The World Professional Figure Skating Championships* e *The Chevrolet World Championship of Women's Golf* para a NBC. Representamos direitos televisivos internacionais para, entre outros, o Wimbledon, o US Open, a NFL, a NCAA de basquete e a maioria dos principais campeonatos de golfe.

A TWI também produziu dezenas de documentários para eventos como o torneio de Wimbledon, o British Open e o US Open, além de representar diversos apresentadores de esportes, incluindo John Madden, Jimmy "o Grego" Snyder, Chris Schenkel e Al Michaels (o filho de Jay Michaels).

Com a ajuda de Jay Michaels, preenchemos a lacuna.

FIQUE DE OLHO NOS MERCADOS MUNDIAIS

Aprendemos desde muito cedo que o resto do mundo desejaria o que quer que os americanos tivessem. Se a representação jurídica dos Três Grandes foi a nossa maior sorte, a criação de uma rede de escritórios internacionais foi a mais brilhante decisão. Estávamos nos preparando antecipadamente para a demanda mundial por atletas de primeiro nível, mas avanços posteriores, como a televisão por satélite, fizeram com que esse movimento parecesse ainda mais inteligente. Hoje, cada um de nossos quinze escritórios em tempo integral é administrado e composto quase totalmente por funcionários nativos do país-sede. Também compartilhamos escritórios com parceiros locais em uma dúzia de outros países.

Devido à flexibilidade e às oportunidades que esses escritórios nos proporcionaram, sempre me impressiono com a falta de atenção e a baixa prioridade que a maioria das empresas americanas dá às suas divisões internacionais. Se essas empresas investissem tanto tempo e

MONTANDO UM NEGÓCIO | 147

esforço vendendo os seus produtos no exterior quanto investem em manter os competidores estrangeiros fora dos Estados Unidos, acho que veríamos o fluxo de moeda mudar de direção da noite para o dia.

COBRE PELA SUA EXPERIÊNCIA

Muitas empresas deixam de atribuir um valor à sua experiência — ou o que custaria para alguém de fora saber o que elas já sabem. Nós também fizemos isso por cerca de dez anos.

Durante esse tempo, estivemos envolvidos com mais de mil empresas em uma ou outra campanha esportiva. Acumulamos muito conhecimento sobre como as empresas devem cumprir os seus objetivos de marketing através do esporte. Com frequência, entregamos esse conhecimento de mão beijada. Se uma empresa assinasse um contrato com John Newcombe e não soubesse como usá-lo, pelo bem de todos, tínhamos de intervir e apontar isso.

No início da década de 1970, reconhecemos que mais e mais empresas queriam entrar nos esportes, mas não sabiam como. Suas agências de publicidade não eram boas em dar conselhos inteligentes nessa área; suas empresas de relações públicas não faziam ideia de como agir; e, se eles conseguiam entrar, era geralmente porque algum executivo de alto escalão tinha um interesse particular em um esporte específico (o que costuma ser o pior motivo para se envolver).

Finalmente, começamos a cobrar por nossa experiência. Hoje, nossa divisão de consultoria corporativa, a Merchandising Consultants International (MCI), é a empresa que mais cresce no grupo, como ocorreu na maior parte da década de 1970. A MCI entra em uma empresa e trabalha com o seu grupo de marketing para desenvolver campanhas esportivas que não apenas são lucrativas, como têm algum significado no que diz respeito aos objetivos específicos da empresa.

A demanda foi ainda maior do que antecipáramos. A MCI enumera mais de cem empresas em sua lista de clientes, incluindo muitos líderes de seus respectivos setores, como a Sears, a Kodak, a R. J. Reynolds, a AT&T, a Seagram, a Rolex, a Hertz, a Heinz, a Hearst Corporation e a Procter & Gamble.

O sucesso da MCI e o *pedigree* de seus clientes nos indicaram que deveria haver outras formas de lucrar com a nossa experiência

148 | ISSO VOCÊ NÃO APRENDE EM HARVARD

especializada. Isso nos levou ao negócio de criar eventos esportivos e implementá-los a um custo adicional ou em troca de uma participação nos lucros. Tais eventos geralmente são televisionados, e, nesse caso, cobramos também por essa especialidade. Esse conceito levou à criação dos torneios Legends de tênis masculino e feminino, do Campeonato Mundial de Golfe Feminino, do Grand Slam da Pepsi, do Campeonato Mundial de Triatlo e literalmente dezenas de outros circuitos e eventos.

Se as empresas reservassem tempo para perceber o verdadeiro valor de seus conhecimentos, poderiam usá-lo para aproveitar oportunidades de crescimento que, de outro modo, seriam negligenciadas: um centro de lucro à parte, como fizemos na nossa divisão de consultoria; um complemento para bens ou serviços; um incentivo às vendas.

Mesmo que você deva disponibilizar gratuitamente a sua experiência como uma consequência de fazer negócios, é útil saber o que isso realmente está lhe custando — e igualmente útil permitir que o comprador também saiba. As empresas costumam ter vergonha de fazer isso, o que sempre me lembra a história da mulher que se aproximou de Picasso em um restaurante, pediu-lhe que rabiscasse algo em um guardanapo e disse que ficaria feliz em pagar o que ele achava que aquilo valia. Então, Picasso respondeu: "Custa 10 mil dólares."

"Mas você fez isso em trinta segundos", respondeu a mulher, atônita.

"Não", disse Picasso. "Levei quarenta anos."

DIVERSIFIQUE O TALENTO

Por uma questão de política interna, muitas empresas transferem o seu quadro de funcionários de uma divisão para outra. A ideia por trás disso é que eles ficarão motivados com novos desafios e as divisões se beneficiarão com a chegada de uma nova leva de profissionais.

Eu acho que essa política fracassa nos dois aspectos. Ou o funcionário descobre que está fazendo praticamente a mesma tarefa, só que em outro lugar da cadeia de comando; ou que está fazendo algo inédito, o que torna inútil a sua experiência anterior. Enquanto isso, sua antiga divisão descobre que está sempre treinando pessoas que logo irão embora.

MONTANDO UM NEGÓCIO | 149

Nós fazemos isso de outra maneira. Quando assumimos uma nova etapa de diversificação ou iniciamos um novo negócio, utilizamos nosso banco de talentos. Muitas vezes, os funcionários escolhidos para essas novas responsabilidades também continuam com algumas de suas antigas. Depois de se familiarizarem com as novas demandas, eles contratam a assistência necessária ou atraem novos talentos de outras divisões para lidar com os aspectos apropriados tanto de suas antigas quanto de suas novas responsabilidades.

Por exemplo: nossa divisão de gestão financeira foi considerada pela revista *Money* como "indubitavelmente os melhores planejadores financeiros dos EUA". Há pouco, começamos a oferecer esse serviço para empresas. Como vantagem adicional, uma empresa pode nos pagar para fazer a gestão financeira pessoal de seus principais executivos.

Nosso pessoal que oferece esse serviço é o mesmo que administra os paraísos fiscais de Arnold Palmer, os bens imobiliários de Bjorn Borg, os investimentos de Jackie Stewart e os fundos fiduciários de Alberto Salazar e Sebastian Coe (Salazar e Coe ainda são amadores, e sua renda vai para fundos fiduciários). A questão é que eles continuarão nessa função, mesmo com suas incríveis novas responsabilidades.

Afora a nossa divisão de consultoria (que deve permanecer autônoma), não creio que tenhamos um funcionário-chave com apenas um cargo. Alguns de nossos principais executivos recebem os seus contracheques de até seis divisões diferentes. Isso provoca caos nos fluxogramas, mas reduz o tédio no trabalho, sem mencionar as despesas gerais. (Vivo aterrorizado com a lei de Parkinson.) A motivação dos funcionários é um dos clássicos problemas corporativos que nunca precisei enfrentar. Todo mundo está sempre muito ocupado.

REVEJA O TIMING

Como vimos, o timing é fundamental para as vendas. Para nós, ele tem sido ainda mais significativo no que diz respeito ao crescimento corporativo.

Quando começamos a representar Jean Shrimpton no fim da década de 1960, olhei em volta e decidi que aquele não era um negócio no qual queríamos estar. Naquela época, uma modelo boa e trabalhadora podia ganhar de 30 a 40 mil dólares por ano, sendo Shrimpton talvez a única exceção. Hoje, modelos ganham entre 200 e 300 mil dólares por ano, e talvez haja uma dúzia ganhando muito mais. Com as oportunidades de licenciamento sendo o que são hoje, as superestrelas estão ganhando — ou deveriam estar ganhando — uma renda de sete dígitos.

A modelagem é uma profissão na qual os salários, segundo alguns, excederam a inflação. Então, decidimos que era hora de dar uma segunda conferida no setor. Com a nossa experiência em marketing e licenciamento, as nossas muitas afiliações corporativas e os nossos escritórios em todas as principais capitais mundiais da moda, aquilo que antes não fazia muito sentido agora fazia e muito. Hoje, detemos a Laraine Ashton, a principal agência de modelos de Londres, e a Legends, a agência que mais cresce em Nova York.

O mesmo aconteceu com os esportes coletivos. Nós nos envolvemos nessa área ao longo da década de 1970 (o primeiro contrato de um milhão de dólares, Czonka/Kiick para a Liga Mundial de Futebol, foi nosso), mas nunca a tornamos uma prioridade corporativa.

Hoje, um defensor polivalente ou um *placekicker* pode ganhar centenas de milhares de dólares. Além disso, a julgar pelo sucesso que tivemos na venda de direitos mundiais de televisão para jogos da NFL, prevejo que não estamos muito longe do dia em que teremos oportunidades de renda para jogadores de futebol americano em Tóquio.

Uma vez, demos uma segunda conferida e começamos a fortalecer a nossa divisão de esportes coletivos. Até o fim de 1985, seremos um fator importante e, nos cinco anos seguintes, o fator dominante nesse setor.

O CURTO PRAZO PODE SER O FIM

Ao longo dos anos, tivemos a sorte e o êxito de lidar com um problema corporativo interessante: como ser lucrativo sem ser avarento.

Em qualquer novo negócio em que entramos, sinto-me insatisfeito com menos do que uma participação de mercado de 100%. Entretanto, corporativamente falando, sou inteligente o bastante para saber que a ganância de curto prazo é um dos maiores erros que uma empresa pode cometer.

Muitas vezes, fomos acusados de tentar "dominar" um esporte, principalmente o golfe, então o esqui, depois o tênis e agora a corrida. Isso não aconteceu; estamos envolvidos com o golfe há quase um quarto de século.

Em um esporte como o tênis, representamos muitos de seus patrocinadores corporativos, todos os direitos de merchandising e de TV de Wimbledon, os direitos televisivos do US Open e quinze dos vinte jogadores masculinos e femininos. Além disso, administramos vários eventos e séries de eventos. Não tenho dúvida de que, se quiséssemos, poderíamos ter um impacto na maneira como o esporte é estruturado e gerenciado.

Isso seria muito limitado. Nosso interesse de longo prazo é aprimorar qualquer esporte em que estamos envolvidos, fazendo todo o possível para ajudá-lo a crescer. Isso não se dá porque temos "espírito esportivo", mas porque somos bons homens de negócios. Obviamente, o crescimento das empresas está vinculado — sempre esteve e continuará — ao do esporte. No momento, não vejo essa ascensão terminando tão cedo, e quaisquer ganhos de curto prazo que possamos obter às custas do esporte seriam como matar a nossa galinha dos ovos de ouro.

Intimamente aliada a isso, há outra crítica que ouvimos o tempo todo: que somos culpados por conflitos de interesse. Como podemos implementar de maneira justa um evento em que representamos os patrocinadores, os jogadores, os direitos de televisão e os órgãos de governo? A resposta é... com muito cuidado.

Quando há mesmo um possível conflito de interesses, colocamos todas as cartas na mesa. Na verdade, esse tipo de transparência é a nossa proteção. Em todos os casos de que me lembro, como condição de nosso envolvimento, exigimos que todas as partes soubessem o que as outras estavam fazendo, que todas soubessem onde e como estávamos envolvidos e que todas entendessem que todas as disputas deviam ser encaradas de frente e com plena participação e conhecimento de todos.

Ironicamente, perdemos vários clientes porque eles "ouviram falar" de conflitos de interesses na IMG, mas nunca perdemos um cliente por causa de um conflito de interesses. Quando muito, considero tal acusação um tipo de elogio ambíguo. É sinal de que fizemos um bom trabalho diversificando a nossa experiência.

12

PERMANECENDO EM FUNCIONAMENTO

Lembro-me de ter ouvido um comediante popular falar sobre a dramática ascensão e queda de sua carreira: "Vocês conhecem o velho ditado: 'Seja gentil com as pessoas na subida, porque você pode encontrá-las novamente quando estiver descendo?' Isso não é verdade. Na descida, você conhece um grupo totalmente diferente." Eu descobri que isso se aplica à criação e à administração de um negócio. Os problemas encontrados são outros.

O problema geral é que tudo se torna mais difícil. É mais difícil manter o impulso de uma empresa, mudar a sua velocidade e alterar a sua direção. É mais difícil tomar decisões, porque muitos fatores adicionais precisam ser considerados, e é mais difícil executá-las, porque você raramente fala direto com as pessoas que as executam.

Mas o maior problema, de longe, é que as estruturas e os sistemas criados para tornar tudo isso um pouco mais fácil, para que tudo flua um pouco mais suavemente, começam a sufocar o próprio movimento que deveriam ajudar.

A NATUREZA DOS SISTEMAS

Ben Bidwell, vice-presidente executivo da Chrysler e ex-chefe de vendas da Ford Motor Company na América do Norte, certa vez me descreveu a estrutura da Ford — e os sistemas criados para apoiá-la — como um "Muro de piche. Você não pode acrescentar nada. Você não pode tirar nada. Você não pode subir. Você não pode se mover para o lado. Demora dois anos até mesmo para descer."

Acho que esse comentário foi menos sobre a Ford e mais sobre a natureza de qualquer organização madura. Durante o período de crescimento rápido, quando uma empresa pode dobrar ou triplicar de tamanho a cada ano, o próprio crescimento tende a tornar as estruturas menos restritivas. Contudo, à medida que a empresa amadurece e que a sua taxa de crescimento se estabiliza em 15% ou 20% ao ano, sistemas e estruturas podem criar raízes e, como ervas daninhas em um jardim, começar a sufocar a vida das organizações que as plantaram.

Essa é a natureza sinistra e intransigente dos sistemas. Eles passam por cima de tudo, especialmente do bom senso, e são a maior razão pela qual trabalhar para uma empresa pode ser uma experiência absurda. Leva-se uma eternidade para inserir algo no sistema, e, uma vez inserido, é quase impossível retirá-lo.

John DeLorean me disse que, logo após se tornar gerente-geral da Chevrolet, participou de uma conferência de vendas em Dallas e, quando chegou à suíte do hotel, descobriu que alguém da empresa mandara entregar uma enorme cesta de frutas em seu quarto. Ao conversar com um colega sobre o tamanho e a variedade da cesta, ele comentou, jocoso, na hora: "O quê? Nenhuma banana?"

A partir daquele momento, o comentário em toda a General Motors era que "John DeLorean adora bananas". Não importava quantas vezes ele tenha tentado explicar que só estava brincando, as bananas continuaram a aparecer em carros, aviões fretados, suítes de hotéis — até mesmo em reuniões —, seguindo-o ao longo de toda a sua carreira na Chevrolet.

Outro problema dos sistemas é que a responsabilidade é passada de um lado para outro e, quando enfim chega a quem realmente deve agir, alguém sempre se esquece de lhe dizer qual é o motivo daquilo.

No início dos anos 1970, um dos patrocinadores de Arnold Palmer era a Lincoln Mercury, e eu disse a Gar Laux, então gerente-geral da empresa, que, se ele estivesse interessado, poderíamos usar alguns Lincolns como pano de fundo fotográfico de uma futura série de anúncios impressos de Arnold para seu patrocinador de vestuário, Robert Bruce. Gar ficou encantado com essa chance de publicidade "gratuita": "Diga-nos quando e onde você quer os carros, e garantiremos que cheguem até lá."

Muitas semanas depois, o chefe de nossa divisão de vestuário recebeu uma ligação de um executivo da Lincoln Mercury de escalão inferior. Ele queria saber para onde os carros deveriam ser enviados e quais cores deveriam ter. "Bermudas, daqui a três semanas", disse nosso executivo, mas, quanto à cor, coisa que realmente não importava, continuou: "Eu não sei. O que você tiver. Que tal um azul-marinho e um marrom?"

Vários dias antes da seção fotográfica, nosso executivo de vestuário recebeu uma ligação de um funcionário diferente da Lincoln Mercury, o qual, dessa vez, queria saber exatamente para onde nas Bermudas os carros deveriam ser transportados. "Precisamos fretar um avião, porque nosso revendedor nas Bermudas não tem carros azuis ou marrons", disse ele, acrescentando: "Na verdade, há apenas um de cada cor na Costa Leste, de modo que o avião precisa voar primeiro para Boston para pegar o carro marrom e depois para Washington para pegar o azul-marinho."

A maioria das empresas mais bem administradas não só está ciente desse tipo de problema criado pelo sistema, mas também concentra grande parte de sua energia de gerenciamento em quebrar tal influência repressora. Talvez aqui eu pudesse ter me beneficiado de um MBA de Harvard, porque ninguém nos disse isso. Tivemos de descobrir por conta própria.

PENSE PEQUENO

Em nossos anos de formação, havia tanto acontecendo e tanto a fazer que não tivemos tempo de pensar muito em sistemas, organização e estrutura e, de fato, não precisamos disso. As coisas simplesmente eram feitas, e fazê-las sob um clima de caos minimamente controlado acabava aumentando a emoção.

No entanto, estava ficando cada vez mais óbvio que não poderíamos continuar a funcionar dessa maneira, sobretudo depois que começamos a diversificar. Percebi que a natureza de meu trabalho também estava mudando e provavelmente mudaria ainda mais. Eu também estava gastando mais do meu tempo na administração e cada vez menos no restante.

De modo a aliviar parte dessa carga administrativa, eliminar parte do caos e crescer e expandir em ritmo sensato e sistemático, criar uma estrutura-modelo se tornou uma de nossas maiores prioridades.

Quando nos sentamos pela primeira vez para discutir estrutura e organização, eu sabia que, embora não fôssemos pequenos, queria preservar o que pudesse do "sentimento de pequenez" que tínhamos quando começamos.

Não há sentimento como esse nos negócios — pelo menos, nenhum que eu já tenha experimentado. Não se trata apenas de emoção, embora certamente haja emoção envolvida. É mais uma sensação de imediatismo e de importância que a tudo reveste, a sensação de que o que você faz no dia a dia é importante, o que gera um desejo de fazer ainda mais.

Isso também traz consigo uma certa ansiedade. É difícil se sentir complacente em uma pequena nova empresa, porque, no fundo, você sempre se pergunta se ainda estará ali em seis meses, o que proporciona energia a tudo o que você faz. Se fosse possível, eu gostaria de ter evitado uma estrutura burocrática que entorpecesse essa vantagem.

Há também um clima em pequenas empresas em crescimento que é difícil de explicar para quem nunca o experimentou. Suspeito que não seja diferente do sentimento de ser membro de um time esportivo campeão, uma satisfação advinda do esforço de estar contribuindo para algo maior do que você mesmo. Nos primeiros dias, quando Arnold ou Gary ganhavam um torneio no fim de semana, todo mundo vinha trabalhar na manhã de segunda-feira tão animado que havia verdadeiras disputas para falar ao telefone. No entanto, eu sabia que, se crescêssemos, em breve teríamos funcionários que não saberiam diferenciar um taco de curta distância de um taco de areia, muito menos quem ganharia no fim de semana.

Eu sabia que esse clima especial não poderia ser preservado por completo, mas parte dele certamente poderia e eu queria uma estrutura que nos ajudasse a conseguir isso. Sentia que o segredo era pensar pequeno, estruturar algo que faria todos se verem como peças de uma engrenagem muito grande.

Nossa resposta foi organizar a empresa em um grupo de doze empresas menores, cada uma funcionando como um centro de lucro autônomo à parte, mas com responsabilidades adicionais para com outras empresas do grupo e também para com o grupo em geral. A principal responsabilidade de nossa empresa de golfe, por exemplo, era representar juridicamente os clientes profissionais de golfe. No entanto, suas responsabilidades gerais incluíam quaisquer atividades relacionadas ao golfe, o que consistia em funções específicas em várias de nossas outras empresas, incluindo moda, televisão, gestão financeira e publicações.

Eu senti que essa estrutura daria uma sensação de imediatismo e importância ao papel de todos na empresa. À medida que crescíamos, também imaginei que as interconexões reduziriam a necessidade de mais camadas de gerenciamento para coordenar essas diversas atividades entre os grupos.

O resultado foi uma estrutura que mais parecia uma fileira de pequenas pirâmides do que uma única pirâmide. No começo, algumas dessas pirâmides eram muito pequenas, compostas de um executivo e uma secretária. À medida que crescíamos, uma dessas empresas originais se tornou uma função de equipe, e outras foram subdivididas em empresas adicionais ou novas divisões autônomas. Mas, afora isso, ainda hoje elas funcionam praticamente do mesmo modo como foram concebidas.

NÃO DEIXE QUE AS ESTRUTURAS DOMINEM A OPERAÇÃO

A fluidez dos negócios é rápida e amorfa demais para que os sistemas e as estruturas existentes os mantenham. Uma vez que nossas estruturas foram estabelecidas, iniciamos um processo contínuo de ignorá-las. Acredito que este seja um dos maiores desafios para quase todas as empresas consolidadas: a constatação frequente de que, muitas vezes, é preciso abandonar estruturas existentes para permitir a entrada de novos negócios.

Entendo que foi assim que a IBM desenvolveu o seu computador Peanut. Eles pegaram algumas de suas mentes mais brilhantes, tiraram-nas das estruturas e das regras existentes e disseram-lhes para seguir em frente. Suspeito que a maioria dos avanços tecnológicos e dos negócios revolucionários foram criados fora, ou substancialmente fora, de uma estrutura.

Com frequência, sou confrontado por executivos de nossa própria empresa que gostariam de ter tudo muito bem subdividido. Mesmo que reconheçam a validade do que está sendo discutido ou entendam o cenário geral, suas mentes exigem ordem e conformidade com os sistemas, e seu "sim" é invariavelmente seguido de um "mas": "Sim, mas de qual orçamento isso vai sair?"; "Sim, mas onde vou conseguir mão de obra?"; "Sim, mas quem vai supervisionar?". Suponho que muitos gerentes de divisão da IBM tenham entrado em estado de choque quando foram informados de que seus ótimos funcionários seriam realocados em um projeto especial.

Mas a boa gestão deve resistir a pressões tanto internas quanto externas para encaixar novos negócios nas lacunas antigas, simplesmente porque elas já existem. Assim que uma empresa permite que a estrutura domine a sua operação, bastam algumas oportunidades perdidas para que estagne por completo.

PENSE COM FLEXIBILIDADE

Você precisa vender a flexibilidade estrutural para as pessoas que trabalham para você, e a única maneira de fazer isso é por ações, não por palavras. Seus funcionários precisam ver provas tangíveis não só de que a estrutura é flexível, como de que tal flexibilidade funciona em seu benefício.

Essa foi uma de nossas considerações na estruturação inicial da empresa. Eu queria poder selecionar duas pessoas da empresa A e duas da empresa B para iniciar a empresa C, ou tirar alguém da empresa C para liderar um projeto especial que afetasse as empresas A, B e C. Entretanto, eu também queria que as pessoas dentro da estrutura sentissem essa flexibilidade. Gostaria que elas percebessem que experimentaríamos boas ideias, não importando quem as estivesse pensando e quão direta ou indiretamente tais ideias se aplicassem à sua divisão ou às suas áreas de responsabilidades específicas. Além disso, queria que elas soubessem que, se alguém tivesse uma boa ideia viável, esta não seria simplesmente entregue a outra pessoa. Quem quer que a concebesse estaria envolvido na execução.

Nossa entrada na criação, na implementação e na transmissão de eventos esportivos especializados nos deu a melhor oportunidade para fazer isso, para demonstrar a flexibilidade do sistema e deixar que aqueles que estavam dentro dele sentissem isso. Esses eventos geralmente envolvem um esforço coordenado entre cinco ou seis de nossas empresas. Cada evento varia em relação ao próximo e, embora já tenhamos realizado mais de cinquenta deles, ainda precisamos criar uma estrutura para definir o que são, quem os fará ou como devem funcionar.

Certa vez, um desses eventos foi o concurso Masters of Hockey, que colocou uma equipe de jogadores homenageados no Hockey Hall of Fame contra uma equipe de ex-estrelas do Boston Bruins. O concurso foi realizado em um Boston Garden completamente lotado, e, ainda que fosse administrado por nossa divisão de esportes coletivos, que também providenciaria os jogadores, a ideia veio de um de nossos executivos de tênis, que ficou responsável pela execução geral.

Por estarmos sempre praticando a flexibilidade em vez de pregá-la, suspeito de que somos menos vítimas de nossos próprios sistemas do que muitas empresas. Quando disse a Ben Bidwell que estava trabalhando em um livro de conselhos de negócios, ele disse: "Mark, você só tem um segredo: a IMG gasta 90% de seu tempo em negócios e 10% em organização."

PERMITA-SE SER ALEATÓRIO

Como diretor, presidente e CEO da IMG, eu me permito ser aleatório. Devido à forma como a nossa empresa está estruturada e à flexibilidade e à fluidez que tento manter, faço jus a isso com certa regularidade.

Nossos executivos com frequência hesitam diante de uma decisão que tomei porque não parece justa ou porque viola certas suposições que eles têm sobre como a empresa funciona. Em algumas ocasiões, fiz escolhas ou propus soluções que desagradavam todas as partes.

No entanto, consigo pensar em muitas razões pelas quais me dou esse direito e em centenas de situações nas quais tive que exercê-lo. Posso saber de certas informações que alteram por completo a natureza de uma situação, e, mesmo assim, aguardar chegar a hora de compartilhá-las com outras pessoas. Talvez eu precise tomar uma decisão que seja boa para o grupo a longo prazo, mas que possa penalizar uma de nossas empresas no curto prazo. Às vezes, a decisão afeta algo que definitivamente faremos no futuro. Às vezes, afeta algo que podemos ou não fazer no futuro, mas é necessário para nos dar uma opção.

Devo me dar o direito de ser aleatório porque, como CEO, uma de minhas principais responsabilidades com a própria empresa e, por extensão, com as pessoas que trabalham nela é conscientizar as pessoas para o crescimento e proteger o futuro. E as melhores decisões para garantir isso nem sempre são as mais justas ou as mais populares.

NÃO DEIXE AS POLÍTICAS SUFOCAREM A OPERAÇÃO

Se as estruturas criam um empecilho no fluxo dos negócios, as políticas antiquadas e ultrapassadas criam um empecilho para a própria empresa. Isso me parece óbvio. No entanto, em inúmeras ocasiões, encontrei empresas com algumas políticas tão absurdamente restritivas que as impediam de fazer algo que queriam muito. Vi presidentes de conselhos que, ao serem pressionados pelas razões por trás de algumas dessas políticas, davam de ombros e confessavam não se lembrar ou se perguntavam em voz alta por que tal política existia para começo de conversa.

Certa vez, li que um atleta em Palm Beach, na Flórida, foi preso por correr em uma rua de sentido norte-sul. Aparentemente, algumas leis municipais que estavam nos livros havia mais de cinquenta anos permitiam corridas apenas nas ruas de sentido leste-oeste.

Picuinhas como essa aparecem de vez em quando nos jornais. Alguém descobre alguma lei municipal ou estadual obscura que proíbe, por exemplo, mascar chicletes em público ou cantar em elevadores. Rimos do absurdo e nos perguntamos como alguém perdeu tempo pensando naquilo. No entanto, arriscaria dizer que existem regras igualmente absurdas e desatualizadas nos manuais internos de diversas grandes empresas norte-americanas. As políticas extraoficiais podem ser tão bizarras quanto e ainda mais prejudiciais. Trata-se das leis do dia a dia de uma empresa. O perigo que se corre com as extraoficiais é que as pessoas podem segui-las de fato.

Tenho um amigo que administra uma pequena empresa. Sua política extraoficial é pagar todos os credores em quinze dias úteis. Ele estava tentando comprar um outro negócio e tinha garantido um empréstimo substancial do banco para esse propósito. Estava na Europa quando o empréstimo chegou e, três semanas depois, quando voltou ao escritório, descobriu que o departamento de contabilidade pagara todas as faturas pendentes — com o dinheiro que acabara de pegar como empréstimo do banco.

As políticas corporativas que considero mais cegas são as "políticas de precedentes", nas quais o desejo de proteger um precedente menor resultará na perda de uma grande oportunidade.

Quando estávamos tentando negociar o contrato de equipamento de Arnold com a Wilson Sporting Goods no início da década de 1960, meus colegas da Wilson e eu gastamos muito tempo criando uma cláusula de seguro com a qual todos estávamos minimamente satisfeitos. Mas alguém na Wilson sugeriu que essa cláusula nunca seria aprovada pelo juiz Cooney, o antigo chefe da Wilson Meat Packing Company, porque não tinha precedentes. Se eles aprovassem aquilo para Arnold, teriam de oferecer o mesmo plano para todos os funcionários da Wilson. (Nosso agente de seguros respondeu com uma carta maravilhosa sugerindo que a Wilson deveria oferecer esse plano a todos os funcionários que se qualificassem, sendo a qualificação eles vencerem o Masters e o US Open no mesmo ano!)

No fim das contas, o cara da Wilson estava certo. O juiz Cooney se recusou a assinar o novo contrato, e a cláusula de seguro foi um dos principais motivos. Isso permitiu a Arnold rescindir o seu contrato com a Wilson e fundar a própria empresa de artigos esportivos. Acho que esse precedente custou milhões de dólares à Wilson.

O encontro mais bizarro que já tive com as políticas de outra empresa ocorreu no início dos anos 1970. A General Motors tinha uma regra contra qualquer envolvimento financeiro direto no automobilismo. Pete Estes, que era gerente-geral da Chevrolet na época (mais tarde se tornou presidente da GM), e a agência da Chevrolet, a Campbell-Ewald, estavam trabalhando conosco havia quase seis meses para finalizar um contrato muito complexo com Jean-Claude Killy. O cerne do acordo era uma série de televisão estrelada por Killy que a Chevrolet patrocinaria, mas que também envolvia diversas outras obrigações contratuais, incluindo o compromisso de Killy de dirigir um Corvette na mais famosa de todas as corridas de resistência, as 24 Horas de Le Mans.

Killy ficou bastante empolgado com esse compromisso, mas comecei a ouvir rumores de Detroit de que nem tudo estava bem na Chevrolet. Soubemos que, segundo a presidência da GM, Killy jamais dirigiria um Corvette em Le Mans e que, se necessário, a Chevrolet deveria pagar integralmente o contrato e cancelá-lo. A Chevrolet ficou bastante envergonhada e se prontificou a bancar seis programas de televisão extra, honrar todos os outros compromissos e até mesmo financiar a corrida de Killy em Le Mans — desde que ele não dirigisse um Corvette ou nenhum outro produto da General Motors.

Killy participou da Le Mans daquele ano e cumpriu o seu compromisso com a Chevrolet — dirigindo um Porsche.

GERENCIE FORA DA CAIXA

O gerenciamento de uma empresa madura não se resume a um processo constante de romper estruturas arcaicas e políticas antiquadas. Também é preciso romper consciente, ativa e agressivamente com as convenções e a sabedoria convencional da empresa. É muito fácil dizer "Isso já funcionou dessa maneira antes" ou "É assim que sempre fizemos". É muito fácil ficar mentalmente preso e rejeitar no automático uma nova abordagem.

Por natureza, as empresas são conservadoras. As pessoas resistem à mudança, sobretudo no ambiente de trabalho. Elas gostam de sentir que a empresa para a qual trabalham no momento será praticamente a mesma dali a cinco anos. É por isso que romper é sempre uma luta. Você irá contra a corrente. A ironia é que uma empresa madura se impulsiona ao lutar contra o fluxo do impulso existente.

Você já reparou que todas as empresas mais bem administradas parecem ser gerenciadas de maneira não convencional? Toda vez que são descritas ou perfiladas em uma revista de negócios, seu sucesso é atribuído à violação das regras, não ao cumprimento delas, incentivando a independência de funcionários, departamentos e divisões em vez de sufocá-los; rompendo com a sabedoria convencional em vez de perpetuá-la. Faça o mesmo. Não se contente em procurar oportunidades para fazer o inesperado, crie-as. Busque a mudança agressivamente. Exerça o gerenciamento de forma ativa.

Um dia, tive a chance de escolher quem substituiria o chefe de uma de nossas divisões mais importantes, a de vendas internacionais de televisão, que inclui o licenciamento de direitos televisivos para muitos dos principais eventos esportivos do mundo. Havia vários candidatos qualificados em nossa empresa de televisão, mas escolhi um executivo de nossa divisão de esqui.

162 | ISSO VOCÊ NÃO APRENDE EM HARVARD

Foi uma oportunidade de tentar algo novo, de fazer o inesperado, e, após a contratação, os lucros nessa divisão aumentaram substancialmente.

GERENCIE COM CONFIANÇA

Mais do que qualquer outra coisa, a capacidade de delegar separa os bons dos maus gerentes.

Delegar é o processo de formar pessoas e, em seguida, abrir mão de uma responsabilidade. Parece fácil, mas quase nunca é. Os egos atrapalham. As pessoas preferem ser percebidas como autoridade do que apoiar a autoridade ou a experiência daquelas que trabalham para elas.

Também é difícil renunciar a uma responsabilidade. De novo, na maioria das vezes, é uma questão de ego. As pessoas se convencem de que podem fazer algo melhor do que qualquer outra ou têm medo de que, se abrirem mão de uma tarefa, serão percebidas como menos importantes para a empresa. Um bom gerente precisa ser alguém muito confiante: precisa confiar nas pessoas que trabalham para ele e confiar suficientemente em si mesmo para superar esses problemas de ego.

É da natureza humana querer ver os frutos de seu trabalho, sentir a terra entre os dedos, realizar tarefas que não apenas produzam resultados tangíveis, mas que sejam tangíveis por si sós. Os gerentes devem buscar um tipo diferente de satisfação. Precisam ser capazes de formar pessoas e dar-lhes responsabilidades, de encontrar entusiasmo em treinar, dirigir e supervisionar outras pessoas.

DELEGUE O QUE VOCÊ PODE, NÃO O QUE VOCÊ DESEJA

Temos diversos executivos que ainda estão executando tarefas que há muito deveriam ter sido delegadas para outras pessoas. Trabalhar nelas não é o melhor uso do tempo desses executivos; todas poderiam ser realizadas igualmente bem pelos seus funcionários... e todas envolvem passar vários dias, diversas vezes por ano, em uma área de resort com o objetivo de entreter clientes corporativos ou produzir alguns de nossos programas de televisão. Para mim, essas não são "tarefas", e sim regalias que esses executivos concederam para si mesmos.

O inverso é ainda mais comum. Quanto mais desagradável for uma tarefa, mais ela será delegada para os cargos de baixo escalão. Um dos primeiros comerciais de televisão da Federal Express mostrava um pacote sendo passado de um nível para o outro de uma empresa até que a pessoa diretamente responsável por enviá-lo estivesse cinco ou seis escalões abaixo da pessoa que o estava enviando. Na primeira vez que vi esse comercial, lembro-me de ter pensado que não gostaria de ser o cara no topo.

As pessoas com frequência delegam — ou deixam de delegar — pelos motivos errados. Elas se apegam a uma tarefa porque gostam de fazê-la, ou porque querem fazê-la, ou porque têm medo de não serem capazes de fazê-la, e passam adiante alguma outra tarefa porque a consideram desagradável, "inferior", ou racionalizaram que ela não é o melhor uso de seu tempo.

Todo tipo de consideração comercial deve ser ponderado ao determinar o que deve ou não ser delegado.

Durante os primeiros anos da representação jurídica de Arnold Palmer, se ele quisesse que um par de sapatos de golfe lhe fosse enviado em Houston, não ligaria para o fabricante de calçados, nem para o diretor de nossas divisões de golfe ou de vestuário, tampouco para a sua ou para a minha secretária. Ele ligaria para mim. E, por questões de lealdade e pela importância contínua do nosso relacionamento, eu cuidava daquilo.

Mencionei isso certo dia para Lew Wasserman, presidente da MCA e um de meus primeiros mentores de negócios, e tive uma grata surpresa quando ele disse que, de fato, era assim que deveria ser. Ele me disse: "Quando Jules Stein fundou a MCA em 1924, seu primeiro cliente foi o líder de banda Guy Lombardo. Trinta anos depois, sob a liderança de Jules, a MCA crescera para se tornar a maior empresa de entretenimento do mundo. Contudo, quando Lombardo telefonava, Jules ainda lidava com aquilo pessoalmente. Esperávamos o início de uma reunião do conselho, e Jules estava ao telefone com Guy Lombardo discutindo o arranjo que ele deveria fazer naquela noite, da sala do último andar do Roosevelt Hotel em Nova Orleans."

CONTRATE PESSOAS MAIS INTELIGENTES DO QUE VOCÊ

Wasserman e eu continuamos conversando. Sobre como a MCA se transformara em uma empresa de bilhões de dólares, sobre como a IMG também poderia crescer e, por extensão, sobre como o processo de delegar faria isso acontecer.

À medida que assumíamos novos clientes, não era de se esperar que eu manejasse pessoalmente os sapatos de golfe, as raquetes de tênis ou os esquis para todos. Isso parecia bastante óbvio, mas, quando o assunto é representação de atletas que são os melhores do mundo em seus respectivos esportes, pode não ser tão óbvio para eles. "Contrate pessoas mais inteligentes do que você", disse Wasserman. "Depois, não venda a si mesmo, venda a sua empresa."

É claro que não acredito que todos os que já contratamos sejam mais espertos do que eu, mas posso dizer honestamente que não gostaria que a minha experiência em moda, tênis, televisão, esqui ou futebol fosse comparada com a das pessoas que estão administrando essas divisões para nós. Acredito de verdade que os clientes representados por tais divisões estão em mãos muito melhores do que estariam comigo. É isso que torna mais fácil, para mim, vender a minha empresa em vez de a mim mesmo.

Uma das dificuldades de delegar é que, às vezes, os gerentes se vendem como especialistas, e não como gerentes especializados. Venda a sua divisão, e não a si mesmo, e você encontrará mais disposição de outras pessoas de fora da sua empresa para trabalhar com os seus subordinados. Quanto mais você demonstrar que as pessoas que trabalham para você são inteligentes, mais inteligente você parecerá como gerente. Também parecerá menos masoquista.

GASTE CINCO HORAS PARA ECONOMIZAR CINCO MINUTOS

Certa vez, participei de uma exposição de tênis profissional-amadora. Pouco antes de entrarmos na quadra, ouvi uma conversa entre os nossos oponentes. O profissional, que era um dos jogadores mais bem classificados do mundo, disse ao seu parceiro amador: "Você quer ganhar esta partida ou apenas jogar tênis?" O amador, que estava um tanto intimidado, respondeu timidamente: "Bom, acho que gostaria de ganhar a partida." "Tudo bem", disse o profissional. "Então saque e saia da quadra!"

Essa pode ter sido a maneira do profissional de vencer aquela partida específica, mas dificilmente é a melhor estratégia para formar uma forte equipe de duplas contra uma concorrência acirrada a longo prazo.

Na ocasião, ri comigo mesmo, mas há diversas pessoas no mundo empresarial com essa mesma atitude. Elas preferem trabalhar sozinhas a dedicar algum tempo para ensinar alguém a fazer o trabalho por conta própria, pois acham que podem ser mais eficazes se todos os outros saírem do caminho.

Um dia, perguntei a um de nossos executivos como o novo funcionário que ele contratara estava se saindo. Ele respondeu o seguinte: "Ele vai se dar bem, mas, no momento, está sendo frustrante. Levo cinco horas para mostrar algo que eu poderia fazer em cinco minutos."

Essa única frase ressalta:

- o maior obstáculo à capacidade de delegar tarefas;
- um grande motivo para ressentimento injustificado para com os subordinados;
- a importância do treinamento;
- a necessidade de *manter* na empresa um funcionário treinado;
- uma boa razão para as empresas não crescerem.

Felizmente, mesmo que tenha sido frustrante para ele, esse executivo entendeu a matemática do ato de delegar tarefas. Cinco horas agora poderiam economizar centenas de horas para ele no futuro.

Muitas pessoas na administração não entendem essa simples aritmética. Subestimam a importância do treinamento ou não têm paciência para lidar com isso. Alguns gerentes, acredito, não entendem que, ao ensinar alguém a fazer o trabalho, estão liberando o próprio tempo para tarefas mais importantes e maiores responsabilidades.

Esses gerentes geralmente são os que acabam ficando nos escalões intermediários de uma empresa. Eles estão ocupados demais executando todos os trabalhos para os quais deveriam ter treinado outras pessoas e são "valiosos" demais nessa posição para poderem assumir qualquer papel maior em suas empresas.

FILOSOFIAS DE GESTÃO QUE NÃO FUNCIONAM — E UMA QUE FUNCIONA

A maioria das filosofias de gestão que você lê em um livro ou aprende em sala de aula terão eficiência limitada. Quando você considera que trabalha com seres humanos — egos e personalidades —, até as teorias mais sensatas começam a desmoronar. É como aquele antigo jogo infantil de pedra, papel e tesoura. Filosofias e teorias de gestão são sempre superadas pela vida real. A única que funciona é aquela que reconhece que nenhuma delas funciona: seja flexível e lute pela consistência.

A flexibilidade é provavelmente a única palavra que define mais de perto a minha abordagem de gerenciamento. Percebi que, assim que começo a aceitar algo como evangelho, dou de cara com os hereges — pessoas ou informações que derrubam minhas convicções confortáveis. Se a IMG aderisse ao evangelho tal qual o conhecemos, hoje não estaríamos no negócio de agência de modelos nem teríamos a nossa divisão de esportes coletivos.

Porém, a flexibilidade não consiste somente em repensar o negócio. Ela deve se estender a todos os aspectos do gerenciamento, desde a frequência com que você reavalia as suas políticas até o quanto você é capaz de ouvir o que os seus funcionários estão lhe dizendo.

Como empresa, somos tão descentralizados e espalhados pelo mundo que, durante alguns anos, todos os nossos executivos foram obrigados a enviar relatórios semanais de atividades (semelhantes aos registros de horas dos advogados), com cópia para todas as partes que precisavam ter conhecimento daquilo. Achei que fosse uma boa ideia, e ainda acho que é, mas o que descobri foi que havia uma tremenda resistência a tais relatórios. Eles consumiam muito tempo, e, uma vez que alguns executivos passaram a usá-los como armas, outros sentiram a necessidade de se proteger disso. O que começou como uma boa ideia acabou como uma péssima. Então, nós os tornamos bimestrais. A flexibilidade pode ser mais do que apenas uma "abordagem" de gerenciamento. Se você é receptivo às pessoas que trabalham para você, isso pode ser uma obrigação.

GERENCIE PELA CONSISTÊNCIA

Presumo que a maioria das empresas preferiria crescer constantemente a uma taxa saudável em vez de dobrar de tamanho em um ano e perder dinheiro no ano seguinte. Ninguém pode gerenciar esse tipo de esquizofrenia com sucesso a longo prazo — nem deve tentar. Ao lado da lucratividade, o objetivo mais importante que uma empresa deve buscar é a consistência.

Se a flexibilidade é o meio, a consistência — de desempenho e crescimento — é o fim. Isso soa contraditório. Se alguém está sendo flexível, como pode ser consistente? Na verdade, não só tais qualidades são compatíveis, como um gerenciamento flexível e receptivo praticamente garante a consistência. É a inflexibilidade que provoca um comportamento inconstante. Uma empresa continua por muito tempo aderindo a todas as regras antigas e todos os modos de desempenho desatualizados. Então, certa manhã, alguém acorda, entra em pânico, exagera e joga fora todas as regras. Isso pode enlouquecer as pessoas. Para gerenciar consistentemente, é necessário que você se comporte de forma consistente. Mesmo que as pessoas não gostem do que você está dizendo, elas ainda querem saber o que você tem em mente.

Tento ser consistente ao enfatizar o que considero importante e o que considero insignificante. Há um certo consolo nisso. A inconsistência na gestão gera todo tipo de ansiedade desnecessária nas pessoas que estão sendo gerenciadas. Há ansiedades suficientes nos negócios; não precisamos aumentá-las ao não deixar as pessoas saberem o que você tem em mente.

Há muitas coisas no modo como administro a minha empresa de que os meus subordinados não gostam, e tenho certeza de que isso é verdade para qualquer empresa que não tenha sido toda dividida em comitês e ainda esteja sendo administrada por um chefe. Mas as coisas de que eles não gostam agora são praticamente as mesmas de que não gostavam dez anos atrás.

LIDANDO COM FUNCIONÁRIOS

Toda a ideia de gerenciar pela consistência traz outra aparente contradição, que, para mim, incorpora o aspecto "artístico" da administração: o que acontece quando a política encontra a personalidade?

Ultimamente, muito se tem falado e escrito sobre o sucesso de empresas "focadas nas pessoas". Essas empresas falam muito sobre fazer parte da "equipe" ou "família" e têm slogans do tipo "Pessoas primeiro, lucros depois". Obviamente, você gerencia através de pessoas, mas a ideia de que você sempre tira o máximo delas através de motivação positiva está implícita nessa abordagem.

Eu não compartilho dessa ideia e suspeito que muitas outras pessoas que gostariam de acreditar nisso também não compartilham. Se todos fossem iguais, se todos respondessem aos mesmos estímulos, faria mais sentido, mas isso não parece verdade, porque é apenas metade da solução.

No mundo real, não há duas pessoas motivadas exatamente da mesma forma ou pelas mesmas coisas, e nenhum sujeito trabalha de maneira totalmente equilibrada. Mesmo os profissionais mais estáveis têm os seus altos e baixos.

Tenho quatro filosofias gerais para lidar com funcionários:

1. Pague o que eles valem.
2. Faça-os sentir que são importantes.
3. Faça-os pensar por si mesmos.
4. Separe a vida corporativa da vida social.

Pague o que eles valem

No início, pouquíssimas pessoas valem muito para uma empresa. Todo mundo está sendo pago a mais, mas esse extra é um investimento na pessoa e no futuro. No começo, não pagamos bem as pessoas — queremos que elas provem a sua eficiência. Pagamos muito bem depois que elas a provam. Como tive a sorte de ganhar muito dinheiro quando era muito jovem, não tenho resguardos sobre os meus funcionários ganharem muito dinheiro quando muito jovens. Antes disso, no entanto, quero que eles tenham um bom desempenho e sejam merecedores desse dinheiro.

É importante separar o fator do ego nos níveis salariais do valor verdadeiro e da contribuição real. É igualmente importante fazer o funcionário perceber que é isso que você está fazendo e ajudá-lo a perceber ainda mais o valor do próprio trabalho. Se, por exemplo, uma política corporativa concede bônus garantidos pelas viagens aéreas feitas a trabalho e o funcionário tiver a liberdade de usar esses bônus para si ou para a família, cerifique-se de que ele saiba que isso faz parte de sua remuneração. Certifique-se de que, se um funcionário atrelar férias a uma viagem de negócios, ele saiba o valor disso ou, inversamente, saiba o quanto as férias teriam custado caso não se tratasse de uma viagem de negócios. Não deixe que um funcionário esqueça tais exemplos quando ele começar a dizer "Tudo o que estou ganhando com esse trabalho são x dólares".

Esforço-me para manter uma interação dinâmica com meus subordinados. Como empregador, sempre tentei ser generoso com as pessoas quando o assunto são benefícios adicionais, mas quero que ambos saibamos que estou sendo generoso.

Faça-os sentir que são importantes

É crucial estimular os funcionários, fazê-los se sentirem importantes e dar-lhes crédito pelo que realizam. É crucial que você lhes dê esse crédito direta e abertamente, na frente dos colegas e do mundo exterior. Ao fazer isso, no entanto, é importante lhes destacar o "nós" da situação. Motive-os a continuar vendendo a empresa e, ao mesmo tempo, recebendo crédito por sua realização específica. Não há nada pior do que um executivo que tenta levar o crédito por algo que seus subordinados ou assistentes fizeram. Apesar de distribuir elogios livremente, nunca deixe as pessoas dormirem à sombra dos louros. Faça-as perceberem que um bom desempenho em uma semana não lhes dá o direito de relaxar nas semanas seguintes.

Às vezes, você pode motivar os bons funcionários a serem melhores apontando-lhes as suas pequenas deficiências e induzindo-os ambições ainda mais arrojadas. É isso que chamo de motivação negativa.

No mundo real, jogar para ganhar, como qualquer técnico de futebol lhe diria, às vezes envolve reforçar a autoconfiança de um time e, outras vezes, abater um pouco os seus jogadores.

Como na maioria das empresas, nossos funcionários têm mais de um cargo, mais de uma área de responsabilidade. Se um de nossos executivos estiver se sentindo muito à vontade com alguma coisa, às vezes tendo a trazer à tona uma daquelas áreas em que as coisas não estão indo tão bem. Já, se ele estiver deprimido, é fácil encontrar algo que ele esteja fazendo certo.

As pessoas que realmente se preocupam com o que fazem — e acho que a maioria de nossos executivos se enquadra nessa categoria — tendem a trabalhar em altas e baixas emocionais. A consistência de gestão e a consistência de desempenho são alcançadas preenchendo esses baixos e cortando um alto de vez em quando.

A meu ver, as pessoas devem ser conscientizadas sobre os seus erros, mesmo que isso signifique algumas críticas eventuais. Um dos maiores inimigos das empresas consolidadas é a complacência. Você precisa manter o pique, e, quando as pessoas que trabalham para você se sentem muito seguras ou satisfeitas demais, é quando você as perde.

Como empregador, quero que as pessoas sintam que precisam se adaptar, ser "suficientemente boas" para trabalhar para nós. Se um funcionário estiver muito satisfeito com algo que fez, farei um elogio, mas também posso perguntar: "Quem tem direitos estrangeiros?" ou "Por que não fizemos isso ou aquilo?". Além disso, posso mencionar outro assunto que o faça refletir e o deixe um pouco menos complacente, confiante ou satisfeito consigo mesmo.

Obviamente, há momentos em que você deve fazer o completo oposto. Há momentos em que você precisa levantar a moral das pessoas, dar-lhes um tapinha nas costas e ajudá-las a colocar as coisas em perspectiva.

Uma vez, conversei com um de nossos executivos que realmente estava tendo um pouco de azar. Um de seus clientes, um atleta de ponta, estava, havia seis meses, ameaçando ir embora. O executivo acabara de voltar de um jogo de futebol no Orange Bowl, onde fora assinar contrato com Mike Rozier, o vencedor do Troféu Heisman do Nebraska. Recebemos compromissos verbais dele e de seus familiares, mas, embora posteriormente negado pelo jogador, parecia que ele aceitara dinheiro de outro agente que poderia expor isso caso Rozier não assinasse com ele.

Não é preciso dizer que nosso executivo, que passou meses perseguindo Rozier e fez tudo da maneira correta e ética, ficou arrasado. Quando falei com ele, destaquei que ele deveria estar satisfeito com o seu esforço, independentemente dos resultados, que não cairíamos na sarjeta com ninguém e que a maneira exemplar como ele se comportara tinha muito mais valor para a empresa.

Faça-os pensar por si mesmos

É comum as pessoas dizerem que meu "estilo de gestão", se quiser chamar assim, é incentivar os funcionários em todos os níveis a pensarem por si sós. Vou direto ao cerne da questão.

Quando um de nossos executivos vem a mim com um problema ou pergunta específica, costumo responder de maneira genérica: "Quando fizemos tal e tal negócio com esse ou aquele sujeito, meio que dissemos que, se ele fizesse isso, então poderíamos fazer aquilo. Não existe uma maneira de mais ou menos fazermos isso aqui?"

Com o devido reconhecimento a Sócrates e à Harvard Business School, isso meio que funciona.

Certa vez, estávamos tentando assinar contrato com uma personalidade da televisão britânica, e o executivo encarregado do projeto estava tendo algumas dificuldades em negociar os pontos específicos, porque o possível cliente estava levantando muitas questões em relação ao valor de nossos honorários. O executivo me perguntou como ele deveria lidar com aquilo. Sugeri três ou quatro abordagens, como seguir a linha dura e arriscar perder o cliente, e então comentei que, no passado, quando estávamos certos de que faríamos um bom trabalho, dizíamos ao cliente o seguinte: "Não vamos tratar dos nossos honorários agora. Resolveremos isso mais tarde, depois que tivermos trabalhado para você. Então, você nos pagará o que achar que valemos."

Pela maneira como apresentei aquilo, ficou bem claro que era assim que eu achava que ele deveria abordar o problema, mas o aconselhei de tal maneira que ele acreditasse que a solução era dele, não minha.

Nós fechamos contrato com o cliente.

Separe a vida corporativa da vida social

Minha maior filosofia é minimizar as relações fora do escritório. Jamais esquecerei quando Arnold Palmer, que é a pessoa mais legal que você pode conhecer, teve um piloto que era realmente um piloto muito bom, mas que não era exatamente o tipo de pessoa com quem você gostaria de passar a noite, muito menos participar de reuniões de negócios com você. Arnold, no entanto, não conseguia dizer ao piloto que o veria no dia seguinte, pois achava que isso não seria muito gentil e que o piloto ficaria ofendido. Então, tivemos uma reunião com um fabricante de equipamentos de golfe de Kansas City, e o piloto compareceu — e começou a fazer comentários sobre a natureza do equipamento e o tipo de contrato que deveria ser feito. Nunca esquecerei a expressão no rosto de Arnold. Não é preciso dizer que foi a última vez que o piloto passou a noite conosco ou compareceu a reuniões.

É impossível relaxar com alguém uma noite e tentar ser autêntico se, no dia seguinte, você precisa repreender, demitir, transferir ou interagir profissionalmente de alguma outra maneira com essa pessoa. O funcionário também não pode se desligar da noite anterior para o dia seguinte.

Como regra geral, é muito melhor não complicar uma relação comercial dentro da empresa devido a interações sociais. Quando alguém está em um relacionamento, isso levanta toda uma gama de problemas de confidencialidade, pois o relacionamento pessoal geralmente vai se sobrepor à situação e à confidencialidade dos negócios.

DEMITINDO PESSOAS

Existem muitas maneiras de demitir pessoas. Henry Ford disse para Bunkie Knudsen: "Só não funcionou" e, alguns anos depois, disse a Lee Iacocca: "Eu simplesmente não gosto de você." Bill Paley, da CBS, certo dia teria decidido que seu programador e garoto prodígio, Jim Aubrey, "não é o tipo de pessoa que eu gostaria que administrasse esta empresa quando eu me aposentar".

Tais demissões foram repentinas e inesperadas, o que, embora a sua legitimidade não esteja em discussão, é motivo suficiente para questionarmos como foram tratadas. Sempre que ouço que alguém foi demitido do nada, suspeito que aquilo se deva a uma reação emocional exagerada, e não ao resultado de um julgamento comercial ponderado.

Quando sei que precisarei demitir uma pessoa em particular, considero dois fatores: o timing e a lealdade dessa pessoa para com a empresa.

Você deve demitir alguém quando isso menos lhe prejudicar, tanto externa quanto internamente. Isso pode variar de demitir imediatamente a, em um caso de que me lembro, demitir dois anos depois. Como regra geral em nossos negócios, nos quais a relação com os clientes frequentemente pode ser forte e pessoal, é necessária alguma preparação.

É preciso também ser sensível aos sentimentos da pessoa, ajudando-a a livrar a própria cara. O grau em que levo isso em consideração é determinado pela lealdade e pelo serviço dela à empresa. Antes de demitir pessoas que foram leais, você deve primeiro esgotar todas as outras possibilidades — uma mudança lateral, a criação de um novo cargo mais compatível com as suas habilidades, até um rebaixamento disfarçado. Se não houver tais alternativas, você deve dar tempo para elas se "ajustarem" à ideia de serem demitidas e fazer o possível para ajudá-las a encontrar outro emprego. Em vários casos, despedi pessoas sem que elas soubessem. Em vez disso, arranjei-lhes empregos e deixei que outra empresa as "roubasse".

Por outro lado, se eu tiver boas razões para acreditar que um funcionário é desleal ou que não é confiável, eu o tirarei da empresa o mais rápida e eficientemente possível. Certa vez, tínhamos um funcionário que, como descobri depois, planejava ir embora e levar com ele tudo o que podia — clientes, arquivos e qualquer informação confidencial em que pudesse pôr as mãos. Eu também tinha motivos para crer que ele seria vingativo e, uma vez demitido, faria o que pudesse do lado de fora para nos prejudicar. Demoramos cerca de duas semanas para nos protegermos. Combinamos que esse funcionário faria uma viagem de um dia a Detroit. Enquanto ele estava fora, trocamos as fechaduras e removemos seus arquivos e registros; quando ele voltou, nós o demitimos.

O risco de vingança, por si só, é suficiente para fazer da demissão de alguém um julgamento cuidadoso e ponderado, e as empresas devem ser cautelosas ao queimar as suas conexões. Um ex-funcionário ressentido pode causar grandes danos. Para o mundo exterior, ele é considerado uma fonte confiável, mesmo que o que ele esteja dizendo não tenha credibilidade.

Contudo, quando as pessoas sentem que foram demitidas "de maneira justa" — tratadas com dignidade, respeito e sensibilidade no que, por definição, é uma experiência humilhante —, elas relutam em falar mal de sua ex-empresa. E podem, como já aconteceu conosco em diversas ocasiões, se tornar valiosos futuros parceiros de negócios.

Consultores

Se a sua empresa contratou um consultor (financeiro, gerencial, o que for) e você não estiver seguindo os seus conselhos, demita-o. Isso não tem nada a ver com o consultor. Ele pode estar dando o melhor conselho que você já recebeu, mas, se você não o seguir, estará perdendo tempo e dinheiro.

LIDERE PELO EXEMPLO

Imagino que não sou a pessoa mais fácil do mundo com quem trabalhar. Posso ser muito exigente com os nossos gerentes, mas também sou comigo mesmo.

Se você quiser que um subordinado chegue às sete da manhã ou permaneça no local de trabalho até as dez da noite, ele resistirá muito menos se souber que você acordou às cinco da manhã ou que ficará no escritório até as onze da noite. Se você, em um iate na Riviera Francesa, fizer o mesmo pedido a esse funcionário, provavelmente deixará uma impressão diferente.

Só porque isto é um clichê não significa que seja menos verdadeiro: não exija de seus funcionários nada que você não exija de si mesmo.

IGNORE OS PESSIMISTAS

Às vezes, as empresas podem entrar em novos negócios por razões defensivas — para se protegerem ou como uma reação exagerada à concorrência.

Toda empresa tem os seus pessimistas, que tentarão fazer com que você repita o mesmo. Eles dirão: "Se não entrarmos em tal e tal negócio, várias coisas terríveis acontecerão. Provavelmente já estamos muito atrasados nisso." É claro que essas pessoas não têm em mente o interesse da empresa, apenas o seu próprio: elas já levaram o crédito pelo sucesso antecipado e já se precaveram do fracasso previsto.

Quando as razões são defensivas, isso quase nunca funciona. Ao entrar, você sabe que o esforço será maior do que as recompensas, o que, por si só, cria um fracasso autorrealizado.

Frank Bennack, presidente e CEO da Hearst, me disse que, durante um período, ele resistiu a todo tipo de pressão interna para entrar no negócio de videogames. Os videogames eram o futuro, disseram, e seria um desastre uma empresa de comunicação/entretenimento não ocupar uma posição nesse setor.

Muito louvavelmente, ele resistiu à ideia. Se tivesse ouvido os pessimistas, a Hearst estaria dando uma versão de Donkey Kong como brinde a cada assinatura de *Good Housekeeping*.

VEJA ALÉM DA VERSÃO OFICIAL

Vários anos atrás, Chris Lewinton, diretor da Wilkinson Sword, me deu alguns conselhos muito bons sobre como administrar uma empresa. "Conheça as pessoas dois níveis abaixo de você", disse ele. "É aí que está o seu futuro, e isso lhe dará uma melhor ideia do presente."

Os CEOs e gerentes na linha de frente costumam se isolar do que realmente está acontecendo em suas próprias empresas. Eles conversam várias vezes com as mesmas pessoas, os braços direito e esquerdo de cada divisão. Geralmente, o gerente e seu assistente compartilharão do mesmo ponto de vista. Eles tomarão decisões juntos e venderão tais decisões para a alta gerência.

Mas conhecer as pessoas um nível abaixo disso pode ser revelador. Elas costumam ter uma visão diferente e inusitada do que está acontecendo e das informações que você recebe. Essas visões podem ser tendenciosas ou tão egoístas quanto as de qualquer outra pessoa, mas ajudam a ter uma gama de pontos de vista, em vez da velha versão oficial.

BUSQUE O LUCRO

Samuel Johnson disse certa vez: "Existem poucas maneiras pelas quais um homem pode ser mais inocentemente empregado do que na obtenção de dinheiro." Talvez o maior problema das empresas estabelecidas seja a sua grandeza. Quanto maior ela for, mais fácil é seguir em frente e esquecer por que, afinal de contas, você está naquele negócio, que é obter lucro.

Eu tenho um conhecido que começou um negócio incrivelmente bem-sucedido, com crescimento exponencial — quase 6.000% — nos primeiros oito anos. Quase da noite para o dia, ele foi atingido por todos os problemas que esse crescimento desenfreado criou, e passou a experimentar todo tipo de soluções, desde formar uma nova equipe de gerenciamento até reestruturar a empresa ou abrir mão de certos aspectos dela até vendê-la e sair completamente do negócio. Como era de se esperar, ele passou alguns anos muito ruins enquanto essas experiências estavam em curso.

Quando eu o vi, cerca de um ano depois, fiquei surpreso ao saber que ele revertera totalmente a situação e estava projetando lucros de 100% naquele ano. Quando perguntei como ele conseguira aquilo, ele falou sobre algumas das novas pessoas que contratara e algumas das mudanças estruturais que fizera. "Mas acho que a maior explicação é que dobramos os nossos preços", disse ele. Voltar a ser lucrativo nem sempre é tão simples, mas às vezes é muito menos complicado do que todos os profissionais o levariam a crer.

Um dia, deparei com uma matéria sobre a Schlumberger, empresa de testes de poços de petróleo, uma das maiores, melhores e mais rentáveis do mundo. A Schlumberger divulga a seus clientes que seus serviços estão avaliados em 100%. Se os custos da empresa aumentam, o mesmo ocorre com os custos para os clientes, e não pela mesma quantia, mas pelo dobro dessa quantia. Eles jamais se esquecem de lucrar e não têm medo disso.

Às vezes, a resposta pode ser simples: cobre mais. Ou, ao menos, cobre o suficiente para que você não esteja sempre perdendo dinheiro. Acredito que muitas empresas que estão ocupadas comprando novos negócios e contratando novas equipes de gerenciamento nem sequer testaram a margem externa de sua lucratividade.

Eu testemunho isso o tempo todo nos nossos negócios. Vejo os executivos com medo de cobrar o que realmente valemos ou com problemas para solicitar gastos em taxas adicionais. Eles simplesmente têm medo de testar a margem externa do que alguém pode estar disposto a pagar. Certa vez, tive uma secretária em Londres que não conseguia nem cobrar o que alguém estava disposto a pagar. Ela cuidava dos negócios e havia se tornado muito amiga de dois jovens clientes britânicos de golfe. Ela se dava muito bem com esses clientes e fizera muitos pequenos extras para eles, o que é um bom negócio. Contudo, dois anos depois, percebi que nunca cobramos nossos honorários deles. Quando lhe perguntei a esse respeito, ela corou e disse que simplesmente não conseguia falar de dinheiro com eles!

O PERIGO DA "GRANDE MATANÇA"

O perigo da "grande matança" é equivalente, para uma empresa consolidada, ao risco de crescer rápido demais para uma empresa nova. Teoricamente, a maioria das empresas gostaria de dobrar os seus lucros em um ano. No entanto, poucas conseguem de fato lidar com isso, e a maioria das bem-sucedidas nem sequer tenta. Uma das maneiras pelas quais as firmas perdem lucros é sendo vítimas da síndrome da grande matança. As grandes empresas, sobrecarregadas por altas despesas gerais, comprometem-se com negócios que elas sabem que, na melhor das hipóteses, apenas retornarão o que foi investido. Essas empresas precisam aprender a dizer não.

Isso acontece bastante em companhias que dependem de contratos governamentais. Em seus esforços para vencer uma guerra de licitações, elas assumem um projeto que dobrará as suas despesas gerais e não contribuirá significativamente para a lucratividade. Vários anos depois, quando o projeto termina, ou vão à falência ou aceitam propostas semelhantes ainda maiores.

As empresas costumam usar o seu medo disso para justificar a diversificação. No entanto, a diversificação inteligente exige tantas outras considerações que nunca achei que essa fosse uma resposta válida.

QUEM VOCÊ ESTÁ TENTANDO IMPRESSIONAR?

Para mim, uma das tendências recentes mais interessantes nos negócios é o número de empresas de capital aberto — a MGM/UA, a Avis e a Sotheby's me vêm imediatamente à cabeça — que se tornaram privadas ou tentaram se privatizar. Suspeito que muitos acionistas importantes estejam chegando a uma conclusão à qual cheguei há muitos anos: pode ser muito difícil tentar administrar uma empresa e manter os acionistas felizes ao mesmo tempo. Essa é a razão pela qual a IMG nunca será uma empresa de capital aberto.

As decisões empresariais americanas geralmente se baseiam em ganhar um concurso de popularidade, em impressionar certas pessoas. E as pessoas que todos estão tentando impressionar trabalham em Wall Street. Impressionar Wall Street se tornou o grande passatempo corporativo norte-americano. Os ganhos a longo prazo são sacrificados por benefícios a curto prazo. Más decisões corporativas são toma-

178 | ISSO VOCÊ NÃO APRENDE EM HARVARD

das porque uma empresa prefere ficar com uma boa imagem a ser boa de fato. O lucro real é jogado fora, a fim de embelezar artificialmente o próximo trimestre.

Todos estaríamos muito melhor se mais empresas tentassem impressionar a si mesmas em vez das pessoas que trabalham na Baixa Manhattan.

CONHEÇA A CONCORRÊNCIA

Há vários anos, eu e Victor Pecci estávamos jogando em duplas em Genebra, na Suíça, contra Bjorn Borg e Bruce Rappaport, seu parceiro amador e magnata suíço dos setores bancário e marítimo. Bjorn e eu estávamos junto à rede a apenas alguns metros um do outro quando Rappaport bateu sem força na bola, que não passaria por sobre a minha cabeça. Borg estava em uma posição indefesa e, por um breve segundo, pensei que seria injusto bater a bola diretamente contra ele. Mas é claro que foi o que eu fiz. Bati a bola em direção ao seu corpo — e Borg prontamente a arremessou por sobre a minha cabeça para marcar um ponto vencedor.

Nunca subestime a sua concorrência. Penso que o espírito competitivo é essencial para seu sucesso comercial e pessoal, e a forma como você se compara à concorrência é um dos melhores indicadores para medir esse sucesso. Mas há uma grande diferença entre competir nos negócios e competir no esporte. Nos dois casos, a ideia é vencer, vencer todos os outros. Contudo, nos negócios, o jogo não tem fim. Não há lideranças insuperáveis. A concorrência sempre terá tempo para alcançá-lo.

Empresas com maior participação de mercado geralmente tendem a "se acomodar na liderança". Eles encontrarão consolo nos números, se tornarão complacentes e perderão a vantagem competitiva. Creio que a concorrência nos negócios é um processo constante, contínuo e ativo de dominação. Quanto melhor você conhecer a sua concorrência — forças, fraquezas, hábitos, táticas —, mais poderá dominá-la ou até tirar vantagem dela.

Em qualquer tipo de negócio de representação jurídica ou em qualquer negócio em que você for pago com base em um percentual, se não tomar cuidado, poderá gastar tanto tempo representando os coadjuvantes quanto os astros. Muitos anos atrás, quando clientes de esportes que estavam nessa categoria questionável se aproximavam de nós, nós os encaminhávamos para um concorrente específico cujas fraquezas conhecíamos. Embora nunca pudéssemos ter certeza de qual daqueles jogadores se tornaria um campeão, estávamos 100% certos de que aquela empresa faria um mau trabalho ao representá-los. Uma vez que os vencedores se destacassem, poderíamos procurá-los com a absoluta certeza de que conseguiríamos assinar com eles.

EVITE DIVERSIFICAR O EGO

Tivemos clientes esportivos que, devido ao seu sucesso excepcional em um campo muito restrito, supunham automaticamente que também poderiam conquistar o mundo em qualquer outro campo: tenistas que decidiram se tornar promotores de exposições; golfistas que decidiram ser empreiteiros imobiliários; campeões olímpicos que resolveram editar e publicar revistas. Ao se aposentarem, muitos atletas decidem dirigir acampamentos e escolas, sem perceberem as habilidades administrativas e os conhecimentos especializados que tais atividades exigem.

Geralmente, tentamos impedi-los de entrar nessas áreas sem antes adquirirem os conhecimentos necessários. Mas os egos das principais personalidades do esporte, assim como os egos de muitos empresários de sucesso, não dão ouvidos à razão. Muitas empresas consolidadas, quando sentem a necessidade de crescer e se expandir, começam a comprar empresas que nada têm a ver com o seu negócio. Em certo nível, elas sabem que não têm a experiência, o entendimento real de como aquilo funciona, mas seus egos não as deixam admitir isso. O cenário corporativo americano está repleto de cadáveres dessas aquisições egoístas.

NÃO PROCESSE OS MALDITOS

Alguém me disse que, em 1983, a IBM pagou 12 milhões de dólares em honorários legais a um único escritório de advocacia.

Eu me formei na Yale Law School e pratiquei direito na Arter & Hadden, que é o mais antigo e um dos mais prestigiados escritórios de advocacia de Cleveland, em Ohio. Ainda sou sócio da firma, mas

180 | ISSO VOCÊ NÃO APRENDE EM HARVARD

devo dizer que todo o sistema judicial dos Estados Unidos me deixa entediado.

Os desentendimentos entre escritórios de advocacia em nome de seus clientes costumam ser meros veículos para as empresas cobrarem por seu tempo e ganharem dinheiro. Sinto que, na maioria das disputas legais, se você conseguir colocar as duas partes sozinhas em uma sala — até mesmo dois anos depois do início da disputa legal —, o assunto será resolvido, sairá mais barato e provavelmente será muito mais justo para ambas.

Tivemos muita sorte com ações judiciais em nossos negócios, já que não tivemos tantas assim. Como muitos de nós foram treinados como advogados, acho que percebemos todas as armadilhas e despesas resultantes de um processo judicial. Em outras partes do mundo, os perdedores de processos judiciais pagam os honorários legais do vencedor, além dos custos judiciais e dos julgamentos. Para mim, esse é um sistema muito melhor, pois desencoraja processos frívolos e ameaças automáticas de levar conflitos para o tribunal.

Os japoneses parecem resolver as coisas entre si melhor do que ninguém. Embora muita gente tenha apontado que não existem escolas de Administração no Japão, ninguém parece ter notado que também existem pouquíssimas firmas de advocacia por lá.

Certa vez, fomos processados, junto com nosso cliente Bjorn Borg, por Lamar Hunt, que tem uma bateria de advogados. Decidi que era tolice, do ponto de vista comercial, Lamar Hunt processar Bjorn Borg quando, ao mesmo tempo, estava tentando realizar uma turnê mundial de tênis e obviamente queria que Borg jogasse em alguns dos torneios. Por isso, fui até Dallas para me encontrar pessoalmente com Lamar. Sentamos os dois em uma sala e, em uma única reunião, resolvemos o processo. Se isso fosse deixado por conta dos advogados, ainda estaríamos no tribunal, e milhares de dólares teriam sido desperdiçados.

13

RESOLVENDO AS COISAS

Se os executivos fossem solicitados a listar as suas maiores frustrações, suspeito que não ter tempo estaria muito próximo do topo da lista. O fluxo constante de negócios gera um fluxo igualmente constante de interrupções, que impedem que as pessoas gastem o seu tempo da maneira que planejaram. Algo sempre surge, e elas se veem mais atrasadas ao fim do dia do que quando começaram.

As soluções para esses problemas são muito mais simples do que as pessoas querem admitir. É principalmente uma questão de controlar o seu dia útil em vez de deixar que ele o controle, de encaixar as atividades no tempo disponível em vez de tentar expandir o tempo para acomodá-las. No entanto, muitas pessoas temem que, caso não pareçam descontroladas, não parecerão ocupadas ou importantes o suficiente. Na verdade, não querem gerenciar bem o seu tempo.

Assim que você acreditar de verdade que controlar o próprio tempo é não apenas mais produtivo, como também mais agradável, o resto fica bem fácil.

GERENCIAMENTO DE TEMPO

Uma coisa que as pessoas que me conhecem melhor atribuem a mim é a capacidade de gerenciar o tempo com eficiência.

Começo visualizando uma semana de 168 horas e reservo tempo para repouso, assim como para trabalho. Eu me forço a separar um momento para relaxar, jogar tênis, ler o jornal da manhã, tirar uma soneca no escritório ou simplesmente não fazer nada — para liberar a mente de qualquer tipo de pensamento ou decisão corporativa. Para garantir que eu tenha esse tempo, programo essas atividades não relacionadas ao trabalho na agenda. Se eu souber, por exemplo, que meu primeiro compromisso será às sete da manhã, prefiro acordar às cinco e passar uma hora lendo, relaxando e me exercitando do que acordar às seis e ter de correr para a primeira tarefa do dia sem ter tido tempo para mim mesmo. Assim, minha agenda naquele dia começará às cinco da manhã.

Detesto deixar negócios inacabados ou pendências e trabalho intensamente para ter momentos de folga — um minuto, uma hora ou um fim de semana —, nos quais desfruto de não ter nada para fazer. Esses momentos são as minhas recompensas, e, programando-as na agenda, eu me forço a terminar as atividades empresariais dentro do tempo especificamente reservado para elas.

Isso me leva a uma espécie de vigilância do tempo. Sempre atrelo qualquer atividade ou compromisso comercial ao tempo que reservei para aquilo. Também faço um jogo comigo mesmo: se tenho uma reunião em uma hora e decido concluir dez tarefas antes de seu início, farei o que for preciso para encaixar as dez demandas nessa hora. Isso pode significar uma ligação muito mais curta do que gostaria, um bilhete em vez de uma carta, mas, desafiando-me dessa maneira, ajustando atividades em segmentos de tempo cada vez menores, desenvolvi, ao longo dos anos, uma consciência minuto a minuto de como estou gastando o meu tempo.

Eu sei muito bem a duração das tarefas e sei muito bem a maneira mais rápida de fazê-las, desde quão lento ou rápido é o serviço de certos restaurantes, em quais deles você precisa pedir imediatamente e quais são os elevadores mais rápidos em determinados edifícios. Por exemplo, ao desembarcar nos aeroportos, com frequência peço que as pessoas me encontrem na área de embarque, que quase nunca está tão lotada quanto a área de desembarque e, portanto, é muito mais rápida.

Em resumo, tento ser muito preciso a respeito daquilo que, por natureza, é impreciso. Minha mente é um catálogo de "cortes rápidos" que me permitem reduzir a imprecisão de certas atividades que levam ao desperdício de tempo, ou evitá-las por completo.

Ao viajar internacionalmente, por exemplo, sei quais empresas — como a Qantas para a Austrália e a Cathay Pacific para a Ásia — colocam etiquetas de prioridade na bagagem da classe executiva. Sei que a liberação de bagagem do *Concorde* é rápida, que chegadas de manhã cedo em Londres para norte-americanos (e em Honolulu para asiá-

RESOLVENDO AS COISAS | 183

ticos e australianos) são desastrosas e que as chegadas internacionais no Aeroporto de Los Angeles são desastrosas quase a qualquer hora. Descobri que sou especialista em fluxo de tráfego e horas de pico nas principais cidades do mundo.

É simplesmente uma questão de usar tais informações em meu benefício para economizar tempo ou fazer certos arranjos prévios com base em tais informações. Por exemplo, costumo viajar com pouca bagagem e carrego tudo na mão. Entretanto, para fazer isso constantemente, tenho um guarda-roupa completo em cada uma de minhas cinco residências principais e um guarda-roupa parcial em escritórios nos lugares onde não tenho moradia. Se eu souber que vou precisar de algo em Paris, enviarei aquilo diretamente para lá, em vez de carregar comigo primeiro para Nova York e depois para Londres.

Usei exemplos de viagens internacionais por se tratarem de eventos "incontroláveis" por natureza, mas tento adotar a mesma abordagem em todos os aspectos de meu negócio. Sabendo quanto tempo levarei para fazer algo e sabendo a maneira mais rápida de fazê-lo, posso assumir o controle sobre coisas que podem não parecer tão controláveis.

Para cumprir as tarefas o mais rápido possível, tenho como regra geral fazer o que todos precisam fazer no momento em que não estão fazendo. Saio tão cedo pela manhã que chegar ao trabalho nunca é um problema, mas ouço outras pessoas reclamarem do tráfego na hora do rush e depois admitirem que, se tivessem saído vinte minutos antes, poderiam tê-lo evitado. A resposta parece óbvia, e, no entanto, muitas pessoas têm dificuldade em fazer um simples ajuste de vinte minutos na programação. Elas preferem ficar infelizes por terem perdido uma hora no trânsito.

Já vi funcionários receberem o contracheque na sexta-feira, tentarem descontá-lo entre o meio-dia e as três da tarde e depois reclamarem porque as filas estavam muito longas! Também já vi alguns de nossos próprios executivos em viagem saindo de Nova York agendarem um horário de partida que coincidirá com a volta para casa de todos os outros. Noventa por cento do tempo perdido de pé em uma fila pode ser eliminado com um pouco de planejamento prévio e bom senso.

UM SISTEMA ORGANIZACIONAL

A solução para dominar o tempo é fazer as coisas que *você* planejava fazer *no horário* e *na duração* em que as planejou. Isso exige que você trabalhe dentro de algum sistema organizacional geral.

Administro a minha vida e o meu tempo utilizando diversos blocos amarelos, com uma folha dedicada a cada dia e uma linha vertical traçada no meio de cada folha. As coisas a fazer ficam no lado direito da linha vertical; as pessoas a quem devo ligar, no lado esquerdo. Divido esse bloco em segmentos de cinquenta dias e, no final, reservo várias páginas para chamadas e atividades que não serão realizadas durante esse período, mas em algum momento no futuro.

Quando pergunto a alguém quando essa pessoa gostaria que eu ligasse e ela me diz "Na próxima quarta-feira, por volta das 10h30", colocarei o nome e o número de telefone dessa pessoa a cerca de um terço do caminho no lado esquerdo da página da quarta-feira seguinte. As chamadas e atividades no fim da tarde e à noite ocupam o terço inferior, e as atividades matinais, o terço superior da página. Reviso esse bloco periodicamente durante o dia para ver como estou me saindo. Se estou me atrasando, raramente corto algum item, mas acelero o ritmo.

Também tenho um bloco separado com páginas marcadas para diferentes partes do mundo. Se alguém me disser "Entre em contato com fulano quando você estiver em Melbourne" ou se surgir algo que eu deva tratar pessoalmente em Tóquio, farei uma anotação na página relevante.

Além de meus blocos amarelos, sempre trago uma pilha de cartões no bolso de qualquer casaco. Alguns deles estão marcados com o nome de funcionários ou parceiros de negócios com os quais tenho contato regular. Se penso em algo relacionado a alguma dessas pessoas, anoto no cartão adequado. Na próxima vez que eu falar com ela, terei tudo o que quero dizer na ponta dos dedos. Também trago uma pilha de cartões em branco, que preencho com diversas anotações durante o expediente; ao fim do dia, transfiro tais informações para a página adequada do bloco amarelo adequado.

Escrevo tudo o que pretendo fazer e, depois de escrever, esqueço. Eu sei que aquilo aparecerá na hora e no local apropriados, no dia certo.

RESOLVENDO AS COISAS | 185

Obviamente, o modo como você organiza a sua vida profissional é o mais pessoal de todos os aspectos do gerenciamento de tempo. Conheço pessoas que usam um calendário de bolso e um caderno da mesma maneira que uso meus blocos amarelos e cartões de anotações. Trabalhei com pessoas que raramente organizavam mais de uma semana com antecedência e vi pessoas trabalhando com bastante eficiência usando uma simples lista de tarefas a fazer, não relacionadas ao tempo. No entanto, nunca conheci uma pessoa de sucesso nos negócios que não operasse a partir de algum sistema organizacional pessoal.

Existem dois pontos sobre a maneira como eu me organizo que têm uma aplicação quase universal.

Em primeiro lugar, anote. Escreva em qualquer lugar — na manga de sua camisa, se necessário —, mas anote. Isso permite que você libere a sua mente para outras coisas. Mais importante, porém, é que *significa que você fará aquilo*. Anotar é um compromisso. Ao realizar esse ato físico, você terá providenciado o incentivo para realizar alguma coisa. A agonia de ter um compromisso e o êxtase de tê-lo concluído proporcionarão futuros incentivos.

Em segundo lugar, *organize-se para o dia seguinte no final do dia anterior*. É isso que me dá paz de espírito à noite: a sensação de que estou no controle das coisas e uma verdadeira empolgação para começar a trabalhar na manhã seguinte. Simplesmente organizando o dia seguinte — definindo no papel o que desejo realizar —, sinto que tenho uma vantagem. Faço a mesma coisa com períodos mais longos: semanalmente, mensalmente, bimestralmente, semestralmente, anualmente e bianualmente, enumerando tarefas gerais que pretendo realizar nos cinco anos seguintes.

CUMPRA A SUA AGENDA

Um itinerário ou uma agenda de nada valem se você não os cumprir.

Cumprir a sua agenda envolve, em grande parte, a conscientização de que é muito raro que algo seja tão importante ou que uma crise seja tão iminente que precise ser atendida de imediato. Trate as interrupções ou os imprevistos como faria com qualquer outro compromisso. Não responda na hora, mas reserve tempo para lidar com tais situações em sua agenda futura — naquela tarde, no dia seguinte ou na próxima semana — onde quer que você tenha um espaço ou possa abrir espaço para encaixá-las.

Outro aspecto da importância de cumprir a sua agenda é alocar a quantidade adequada de tempo para as atividades que a preencherão. É pior reservar pouco tempo do que reservar muito, pois isso o coloca em uma posição de sempre ter de recuperar o atraso, o que afeta a sua programação e geralmente piora à medida que o dia avança. Acho que a maioria das pessoas pode prever, com uma precisão razoável, quanto tempo levará para realizar as suas atividades comerciais cotidianas, mas elas muitas vezes enganam a si mesmas.

Para gerenciar bem o tempo, *você precisa acreditar naquilo que sabe*. Se você sabe que uma reunião semanal leva trinta minutos, não se convença de que hoje levará quinze apenas porque hoje você tem mais o que fazer. Se você precisa estar em algum lugar em dez minutos e tiver dez minutos para chegar lá, não faça mais uma ligação simplesmente porque quer se livrar daquilo. Pessoas que administram mal o próprio tempo parecem não querer ser realistas e se esforçam para criar situações fora de controle.

ADMINISTRE PERSONALIDADES

Uma vez que a maior parte do dia útil é gasta lidando com pessoas, você deve levar em consideração seus estilos e suas personalidades ao planejar o tempo. Tenho alguns funcionários com quem posso cobrir 25 assuntos diferentes em uma ligação de quinze minutos e tenho outros com quem isso levaria a semana inteira, que sentem a necessidade de transformar frases simples em um diálogo extenso. Esse é o jeito de certas pessoas, e não serei capaz de mudá-las. É muito mais inteligente reservar mais tempo para elas ou discutir menos assuntos.

Obviamente, você deve ter uma boa ideia do número e da complexidade de assuntos a serem discutidos antes de se encontrar com alguém, mas quanto tempo cada um levará para tratá-los também depende de dois fatores humanos: a rapidez com que a pessoa entra no assunto e seu estilo pessoal de fazer negócios. Por exemplo, ao lidar com Bob Anderson, presidente da Rockwell, eu sei que ele geralmente entende aonde quero chegar antes mesmo de eu terminar a frase. Sei também que terminar a frase apenas por terminar será uma perda de tempo.

Por outro lado, Roone Arledge, o competente chefe da divisão de notícias e esportes da rede ABC, tem um estilo de fazer negócios totalmente diferente. Tivemos diversas reuniões durante almoços que se esticaram tarde afora. Em certa ocasião, os clientes do jantar começaram a chegar enquanto ainda estávamos tomando conhaque e café. Esse é o estilo de Roone Arledge, que é muito eficaz para ele; portanto, quando estou lidando com ele, também é o estilo mais eficaz para mim. Simplesmente alocarei a quantidade adequada de tempo para almoçar nesses dias específicos. Em vez de ficar ansioso agendando uma série de outros compromissos à tarde, é provável que deixarei o resto do dia em branco.

Aprenda tudo sobre as pessoas com quem está lidando, incluindo a maneira como elas gostam de fazer negócios e seus próprios hábitos de gerenciamento de tempo. Conheço pessoas que sempre chegarão vinte ou trinta minutos atrasadas para uma reunião e me planejo de acordo. Na agenda, marcarei essas reuniões mais tarde do que o combinado e usarei a diferença de tempo para realizar outras coisas. Isso é muito mais produtivo do que ficar irritado e esperar que elas cheguem no horário combinado.

LIGAÇÕES TELEFÔNICAS

As reuniões e as ligações telefônicas ocupam a maior parte do meu dia e, imagino, a da maioria dos executivos. Se você conseguir controlar essas duas atividades corporativas, todo o resto ficará em ordem.

É muito difícil que eu atenda chamadas telefônicas. Geralmente é uma interrupção, e prefiro lidar com isso no meu próprio tempo, quando puder concentrar a atenção na chamada em vez de na tarefa que já estou fazendo. Iniciar uma ligação também me dá mais controle e tempo para planejar o que quero dizer. Eu retorno todos os telefonemas, com duas exceções: se eu simplesmente não quiser falar com a pessoa que ligou; ou se a chamada for mais adequada para outra pessoa na organização (nesse caso, garanto que a pessoa apropriada retorne a ligação).

O retorno de cada telefonema é mais uma questão de estilo pessoal do que de gerenciamento de tempo, mas funciona para mim porque não preciso me prolongar acompanhando para quem não liguei ou me sentindo culpado por isso.

Pausa para antever

Eu nem sabia que tinha esse costume, mas alguém me disse. Sempre que minha secretária liga para me dizer que a outra parte está na linha, eu coloco a mão sobre o bocal e faço uma pausa antes de atender. O que faço é levar alguns segundos para antever o que quero realizar e qual é a maneira mais rápida de fazer isso.

Certa vez, ouvi a seguinte frase: "Se você não sabe para onde está indo, acabará em algum outro lugar." Provavelmente não há truísmo maior sobre falar ao telefone. Se você não tiver muita certeza do que deseja realizar, é provável que não realize.

Vá direto ao assunto

Embora eu seja muito bom em alocar o meu tempo, ainda me pego diversas vezes forçando o término de uma ligação para seguir a minha agenda.

Tenho certeza de que não é algo difícil de se fazer, mas, ainda assim, vejo muita gente que não consegue. Ao telefone, as pessoas costumam demorar cinco vezes mais do que o necessário para dizer o necessário. Elas acham que encerrar a ligação é o mesmo que ser indelicado ou insensível.

Se eu quiser terminar uma chamada com uma pessoa que conheço bem, basta dizer que preciso ir ou que ligarei mais tarde. Se não a conhecer bem, posso dizer algo do tipo "Há três ou quatro pessoas me esperando para uma reunião que deveria ter começado há cinco minutos" ou "Recebi na outra linha uma ligação da Suíça que estou aguardando o dia inteiro."

Também gosto de primeiro ir direto ao assunto e só depois me envolver em qualquer conversa fiada, conforme o tempo permitir. A maioria das pessoas faz o oposto. Elas conversam por cinco minutos antes de chegarem ao assunto da ligação. Às vezes, isso pode ser apropriado, mas, com muito mais frequência, além de desperdiçar o seu tempo, você pode estar desperdiçando o tempo do outro também. Pior ainda, a pessoa pode precisar atender outra ligação e desligar antes que você tenha dito o que precisava.

Por fim, posso calcular quanto tempo levarei para fazer todas as minhas ligações em um dia específico. Se prometi retornar uma chamada em um certo horário, ligarei muito perto dele. Para todas as chamadas restantes, costumo reservar um período entre meia hora e uma hora e meia.

Feito isso, listo as chamadas em ordem de prioridade e deixo por último *aquelas que posso facilmente encurtar* caso esteja ficando sem tempo. Pela liberdade que tenho para encurtar as últimas, essa técnica quase sempre permite que eu continue dentro do horário estipulado.

Isso também significa que costumo fazer a maioria das ligações para a minha equipe ou para outras pessoas dentro da empresa por último, com as quais, se necessário, posso ser mais abrupto.

Como encurtar o longo talvez

Todo telefonema deve chegar a algum lugar. Se você não obtiver uma resposta definitiva naquela ligação, peça um prazo para tal. Se não conseguir isso, busque um prazo em que a pessoa poderá dar um prazo. Mas se nem isso for possível, esqueça. É quase certo que qualquer outra coisa que você tentar será perda de tempo, e, sabendo disso, você já realizou muito.

Como evitar desencontros

Às vezes, o máximo que você conseguirá é descobrir quando poderá realmente falar com a outra pessoa. Muita gente perde boa parte do tempo apenas tentando ligar.

Raramente são necessárias mais de duas chamadas para se conseguir falar com alguém, desde que seja você quem as fez. Quando não puder entrar em contato da primeira vez, não peça para a pessoa retornar a ligação. Descubra quando ela estará disponível e, então, diga que ligará de volta.

Muitas vezes, pergunto à secretária da pessoa com quem estou tentando falar quando ela poderá me ligar de volta. Assim que consigo uma data e hora específicas, digo que eu mesmo retornarei a chamada

ISSO VOCÊ NÃO APRENDE EM HARVARD

naquele horário. Se você não conseguir esse tipo de informação, estabeleça uma janela muito estreita para voltar a ligar: "Por favor, diga ao sr. Fulano que tentarei falar com ele esta tarde entre 14h45 e 15h." Se forem necessárias mais de duas chamadas para falar com alguém, dificilmente trata-se de um problema logístico. É mais provável que a outra pessoa não queira falar com você.

Como fazer as pessoas atenderem

Diga algo que elas queiram ouvir ou algo que terão medo de não ouvir. Certa vez, recebi uma ligação de alguém que eu não conhecia e o recado era: "Tenho ótimas notícias." Acabou sendo um daqueles telefonemas publicitários, mas me fez retornar a ligação.

Recentemente, liguei para o presidente de uma grande empresa aérea, o qual eu não conhecia muito bem, para falar sobre uma campanha esportiva que estávamos planejando. Como eu sabia que nenhuma empresa do ramo tinha dinheiro na época e como sempre podemos usar créditos de viagens, eu disse à secretária: "Diga ao sr. Fulano que tenho uma ideia que gostaria de discutir com ele, e, se ele realmente gostar, não lhe custará nenhum dinheiro." Ele atendeu a chamada.

Se você e a outra parte tiverem um conhecido em comum e você souber que a relação entre os dois é boa, usar esse nome quase sempre o ajudará. Se a ligação for realmente importante, você pode arranjar um conhecido apenas com esse propósito. Sei de algumas pessoas que, ao tentarem falar com alguém de outra empresa, primeiro ligam para a presidência da empresa e confirmam com a secretária do presidente se o sujeito em questão é de fato a pessoa com quem devem falar. Então, quando telefonam, começam dizendo que o fizeram por indicação do escritório do sr. Fulano.

Quem cala consente

Uma ligação telefônica não precisa ser uma via de mão dupla. Se você está apenas transmitindo informações em vez de as trocando ou discutindo, deixe uma mensagem detalhada e não volte a ligar. Se a outra parte tiver alguma dúvida, ela o procurará.

Se você estiver ligando para pedir uma resposta a uma pergunta simples, para confirmar algo ou para obter o apoio ou a anuência da outra parte, fale de tal forma que o silêncio signifique consentimento. "Por favor, peça ao sr. Fulano que me ligue de volta apenas se discordar."

Conheço alguns vendedores muito eficazes que usam essa técnica para marcar compromissos e visitar pessoas que eles nem conhecem ou que, de outra forma, não os atenderiam: "Anote na agenda do sr. Fulano que eu o visitarei na próxima quarta-feira, às 10h30. Se o horário for inconveniente, peça para ele me ligar."

Quem atende primeiro?

Alguns executivos se apegam ao jogo do poder quando se trata de falar ao telefone. Eles se recusam a tomar a iniciativa de ligar e passam muito tempo certificando-se de que nunca entrarão na linha primeiro. Novamente, você precisa conhecer as personalidades das pessoas com quem está lidando.

Conheço pessoas que pensam que estou tentando parecer superior caso eu já não esteja na linha quando elas atendem as minhas ligações. Quando ligo para essas pessoas, sempre procuro estar de prontidão. Também conheço pessoas que não gostam que suas secretárias anotem informações para elas ou que sempre preferem marcar os seus próprios compromissos. E sei de outras que gostam de atender os telefonemas elas próprias e me certifico de sempre lidar pessoalmente com elas. Sei quem são os que posso interromper e os que considerariam isso o maior de todos os insultos no mundo corporativo.

Há alguns executivos que têm para si que as secretárias só devem conversar com outras secretárias e acham angustiante que eu marque um compromisso com a secretária deles em vez de mandar uma das minhas fazer isso.

Observe a personalidade de seus interlocutores e descubra seu protocolo telefônico. Mesmo que seja um tanto tolo, é ele que vai guiar o contato.

REUNIÕES INTERNAS

Reuniões de equipe são a desgraça da vida corporativa. Elas são essenciais para a comunicação e a tomada de decisões, mas a maioria não leva a lugar algum, não realiza nada e desperdiça o tempo de todos. Já que não podem ser abolidas, minimize sua quantidade, frequência e duração.

Quem são essas pessoas e o que estão fazendo na minha reunião?

Regra: a produtividade de uma reunião é inversamente proporcional ao número de pessoas presentes. Primeira consequência: além de quatro ou cinco participantes, a produtividade diminui exponencialmente. Segunda consequência: quanto mais tempo uma reunião durar, maior ela se torna.

A maioria das reuniões internas é frequentada por mais pessoas do que o necessário. Isso pode ser atribuído a duas realidades da vida corporativa.

Em primeiro lugar, toda empresa tem a sua parcela de executivos que julgam o valor do que têm a dizer pelo número de pessoas que são forçadas a ouvi-los. Para tais executivos, uma reunião importante é aquela em que não há cadeiras suficientes. Em segundo, há o sentimento de ser deixado de fora. As reuniões costumam se tornar parte do sistema de mérito corporativo, e as pessoas começam a julgar a sua importância para a empresa pelo número e pela natureza das reuniões para as quais são convidadas. Atribuir um horário regular para uma reunião ou dar-lhe um nome garante que esse sentimento se torne ainda maior.

Já tivemos um pequeno comitê informal que se reunia sem muita frequência e regularidade para tomar decisões em uma área muito específica. Contudo, ao longo dos anos, tanto seu tamanho quanto seu propósito cresceram até prejudicarem a tomada de decisões e tornarem as reuniões meramente informativas. Ainda assim, todos queriam participar. Por fim, decidi que esse comitê deveria se reunir uma vez por ano, que todos que desejassem poderiam participar e que seu objetivo não seria mais para tomada de decisões ou partilha de informações, mas simplesmente para fazer com que todos se sentissem bem. Isso conferiu alguma perspectiva ao evento, e pudemos voltar às reuniões com poucos participantes.

As reuniões, assim como as políticas corporativas, devem ser revisadas regularmente quanto à sua frequência, necessidade e dimensão. Pessoas que, fosse de outra forma, gostariam de participar podem se contentar com receber as atas. Outras podem não querer comparecer e usar aquele tempo para fins mais produtivos.

Ocasionalmente, estabeleço diretrizes arbitrárias para determinar quem está qualificado para participar de nossas reuniões mais "populares" — tais diretrizes são determinadas por quem eu quero ou não quero que participe. A possível falta de justiça é mais do que compensada pela falta de conflitos.

Reuniões incorporadas

Tanto a frequência quanto os propósitos das reuniões periódicas podem ser significativamente alterados sem perda de eficiência.

O próprio tempo de arranque das reuniões — o tempo que leva para que todos apareçam, se acomodem e deem início aos procedimentos — é um grande desperdício de horas de trabalho. Com frequência, uma reunião mensal de uma hora pode ser mais produtiva do que duas quinzenais de quinze minutos. Qualquer reunião realizada mais de uma vez por mês deve ser cuidadosamente examinada. Além disso, muitas têm funções paralelas ou sobrepostas, que facilmente podem ser incorporadas ou combinadas.

A ironia das reuniões é que elas seguem uma lei de Parkinson reversa: o número de assuntos a serem discutidos diminui para se adequar ao tempo disponível. Reuniões incorporadas, cujo propósito ou cuja frequência são combinados, são muito mais produtivas.

Embora sejam essenciais para o processo de tomada de decisão, elas não são o lugar ideal para isso, e, se houver mais de quatro ou cinco pessoas, chegar a um consenso será quase impossível. Já a tomada de decisão por comitê não é eficiente nem eficaz, e as decisões resultantes geralmente não são as melhores. Também é difícil ceder responsabilidade a um comitê. Além disso, a maneira mais rápida de uma reunião sair do controle é anunciar que uma decisão deve ser tomada antes que ela termine.

Reuniões que são mais do que meramente informativas devem ser usadas para permitir que as pessoas exponham as suas opiniões — para ajudar aquele que tomará a decisão final. Mas é melhor que a decisão em si venha mais tarde. Isso elimina discussões adicionais, minimiza os confrontos, desencoraja o tráfico de influência pública e empresta clareza à própria decisão.

Como conduzir uma reunião

Os horários de início e de *término* de uma reunião devem ser estabelecidos com a maior antecedência possível, sendo comunicados por escrito (incentivando a pontualidade) e nominalmente a todos os participantes. As reuniões marcadas para começarem em horários quebrados — 10h15 em vez de 10h30 — geralmente são realizadas com maior pontualidade.

Se diversos assuntos forem discutidos, uma pauta deve ser distribuída e/ou entregue a cada participante em sua chegada. Isso é menos para informar e mais para garantir o progresso da reunião. Se todos souberem quando a reunião terminará e puderem ver o número de assuntos a serem abordados, será mais fácil interromper a discussão sobre um assunto e passar para o próximo.

Se eu estiver conduzindo, geralmente colocarei os assuntos informativos mais curtos no início de uma reunião e guardarei os assuntos ou pontos de discussão mais demorados para o final. Sobre estes mais demorados, mais orientados para a discussão, primeiro resumirei o tópico e todos os aspectos do problema a fim de eliminar muito vai e volta.

Reúna-se nos corredores

Gostaria de encontrar a pessoa que disse "Não existe pergunta idiota" e forçá-la a participar do ciclo de reuniões mensais de qualquer grande empresa. Uma "pergunta idiota" é aquela que poderia ser feita com a mesma facilidade antes ou depois da reunião e que não esclarece nada para ninguém exceto a pessoa que perguntou.

Atrevo-me a dizer que metade das reuniões programadas na empresa norte-americana média poderia ser eliminada por completo sem fazer a mínima falta. Agendar uma reunião costuma ser a resposta automática para lidar com assuntos que são um pouco complexos demais para serem tratados internamente, por telefone. Reunir-se nos corredores — ou seja, qualquer reunião informal e curta de três ou quatro pessoas para trocar informações ou chegar rápido a um consenso — é uma alternativa melhor e mais eficiente. As pessoas também ficarão menos chateadas por não terem sido "convidadas".

REUNIÕES EXTERNAS

Obviamente, temos maior controle e autoridade sobre a duração de uma reunião interna do que de uma externa. No entanto, mesmo ao me reunir com alguém de fora da empresa — em seu escritório ou no meu —, tornei-me bastante hábil em restringir a reunião ao tempo que reservei para ela.

Para fazer isso com sucesso, é preciso estabelecer de imediato — seja definindo em pauta, seja dizendo explicitamente — a quantidade de tempo disponível. A maioria das pessoas gostará disso. Isso lhes dará uma ideia melhor de quanto tempo devem reservar para cada assunto.

Mais uma vez, afirmo que os momentos iniciais de uma reunião — desde a troca de cumprimentos até o início dos trabalhos — são mais cruciais para o conteúdo e críticos para o resultado do que qualquer coisa na sequência. Eu uso esse tempo para definir a pauta, o tom e a atmosfera e externar certas impressões desejadas. Por isso, elimino todas as atividades irrelevantes do início de uma reunião. Não receberei ninguém em meu escritório até ter desligado o telefone ou terminado de mexer em papéis e poder dedicar a minha total atenção à pessoa com quem vou me reunir. Raramente permitirei que qualquer telefonema ou assunto comercial interrompa o fluxo desses momentos iniciais. Eliminarei pedidos (e serviços) de café ou bebida antes de iniciar qualquer assunto. Se eu conseguir controlar esses primeiros minutos, determinarei não apenas a duração da reunião, como também quase todo o resto.

Se chegar a hora de terminar uma reunião e a outra pessoa aparentar não querer que termine, há várias coisas que você pode dizer ou pistas corporais que pode dar. (Às vezes, chego a pegar o telefone e acomodá-lo em minha mão.) Você só precisa estar disposto a fazer isso. Muitas vezes, uma reunião entre duas partes que não se conhecem muito bem se arrasta sem cessar porque cada uma delas espera que a outra termine. A menor pista geralmente leva tais reuniões a uma conclusão.

Quando é melhor ir devagar

É claro que também é preciso reconhecer (como no caso de Roone Arledge) aquelas pessoas para quem qualquer aparência de preocupação com o tempo possa funcionar contra os seus principais objetivos. A maioria de nossos executivos prefere agir rapidamente, saltar de assunto para assunto, pular para um problema ou situação, resolvê-lo ou terminá-lo e seguir para o próximo. É absolutamente essencial saber quem dentre as pessoas com quem você lida é avesso a essa abordagem hiperativa.

De um modo geral, segundo seus costumes e cultura, os japoneses consideram ir direto ao assunto uma quebra de etiqueta. Se você tentar ir de A para B muito rapidamente, talvez não chegue aonde quer chegar. Em nosso negócio, o mesmo ocorre com os chefes de federações esportivas. Geralmente, trata-se de cargos não remunerados, e as pessoas que os assumem não estão lá porque precisam, mas porque gostam: é o seu hobby. Quando você tenta encurtar uma reunião com elas ou forçá-las direto ao assunto em vez de deixá-las falar à vontade, é mais provável que dê com os burros n'água.

Certa vez, lidei com uma autoridade esportiva britânica que demorava tanto para fazer qualquer coisa que, nas palavras de nosso sócio, o sujeito "provavelmente coloca travas nos sapatos pela manhã". Quando almoçávamos juntos, muitas vezes levávamos literalmente três horas para chegar ao primeiro assunto.

Ele também nunca queria que uma reunião terminasse, e eu cheguei ao nível de, quando queria sinalizar que precisava ir embora, tirar o relógio do pulso e colocá-lo sobre a mesa à nossa frente. No entanto, ele era tão alheio às preocupações de tempo dos demais que eu tinha certeza de que ele nem percebia o gesto. Mas ele percebia. Certo dia, conversando com nosso parceiro de negócios em comum, ele mencionou esse meu hábito peculiar de remover o relógio durante o almoço e perguntou se eu já não perdera muitos dessa maneira.

Reuniões em restaurantes

Reuniões durante café da manhã, almoço e jantar são uma parte importante de meu dia útil, pois, como já disse, eu as prefiro às reuniões de escritório: são automaticamente mais íntimas, mais amigáveis e menos formais, o que faz delas mais reveladoras sobre a pessoa; e a outra pessoa se torna mais vulnerável e receptiva.

Tomo muito cuidado para garantir que a atmosfera dessas reuniões não apenas seja relaxada, como também propícia aos negócios. Primeiro, e por todos os motivos mencionados antes, raramente tenho reuniões de restaurante com mais de uma pessoa. (Com dois ou mais convidados, a dinâmica psicológica se torna mais variável e, portanto, mais difícil de ser interpretada ou controlada.)

Em segundo lugar, principalmente em Nova York, Paris e Londres, onde costumamos nos sentar mais perto da pessoa da mesa ao lado do que da pessoa com quem estamos nos reunindo, sempre reservo um mínimo de três lugares. Isso ao menos me tira do aperto.

Em terceiro, não falo em negócios até que a refeição tenha sido pedida e os cardápios levados. Como acredito que os primeiros dois minutos são muito importantes para estabelecer toda a sequência, acho desconcertante ter um garçom pairando ao redor da mesa enquanto estou tentando expor os pontos iniciais.

Por fim, embora eu nunca tenha sido motivado pela necessidade de jantar apenas em restaurantes "poderosos" (na verdade, muitas vezes questiono o verdadeiro poder de quem precisa disso), acho importante frequentar restaurantes que capturem a atmosfera de um encontro de negócios: aqueles que se esforçam para garantir certo silêncio e uma aura de tranquilidade no salão.

CONHEÇA OS SEUS PRÓPRIOS HÁBITOS DE TRABALHO

Ao longo dos anos, aprendi a organizar a minha agenda para acomodar meus hábitos de trabalho. Considero o início da manhã o melhor momento para pensar e fazer chamadas para as diferentes partes do mundo onde os dias úteis já começaram. Normalmente, levanto de duas a três horas antes do primeiro compromisso do dia para fazer de tudo, desde flexões até leitura de negócios e telefonemas para o exterior. Também costumo agendar muitas reuniões matinais. A maioria das internas começa às sete da manhã ou 7h30, e, mais frequentemente, terei duas reuniões de café da manhã antes de chegar ao escritório. Lá, minha primeira atividade do dia é quase sempre um ditado, quando minha mente está mais clara.

Ao meio-dia, geralmente já avancei bem em meu dia de trabalho, e minhas tardes são um pouco menos frenéticas. Guardo para o final compromissos e atividades que provavelmente ficarão em aberto ou com os quais eu me sinta mais relaxado. Cerca de metade de minhas tardes envolve alguma atividade relacionada a negócios. A outra metade é reservada como recompensa. Também uso o tempo de viagem para descansar e relaxar tanto quanto para me deslocar de um lugar a outro.

Descobri que a maioria das pessoas funciona melhor no início do dia e parece se arrastar um pouco após o almoço. Com certeza, existem outras que são o exato oposto, que ganham impulso e velocidade à medida que o dia avança. O importante é que você conheça o seu próprio relógio e planeje o seu dia de acordo.

Depois de organizar a sua agenda da maneira que for melhor para você, cumpra o que foi estabelecido. Por exemplo, às vezes dito em uma limusine a caminho do aeroporto, mas, caso contrário, dito pela manhã e ponto final. Em mais de vinte anos, posso contar nos dedos as vezes que uma carta ou um memorando era tão importante que não pudesse esperar até a manhã seguinte.

Acredito que tirar o máximo proveito de minhas habilidades é diretamente proporcional a tirar o máximo proveito de meu tempo. Adoto uma atitude agressiva em relação ao tempo e procuro controlá-lo em vez de deixá-lo me controlar. Contudo, uma das mais simples realidades da gestão eficaz do tempo pessoal eficaz deve ser a de que *a semana de trabalho de quarenta horas serve apenas para os sindicatos.* Nunca conheci um empresário de sucesso que não trabalhasse bem mais do que quarenta horas semanais. Na verdade, as pessoas que conheço que trabalham mais horas são também aquelas que fazem o melhor uso destas. Frequentemente, as duas coisas parecem andar de mãos dadas.

Ao me organizar de maneira que se adapte aos meus hábitos corporativos, planejando o meu tempo de lazer assim como meu tempo de trabalho, e ao anotar tudo, sou capaz de liberar totalmente a minha mente de pensamentos relacionados ao negócio quando não estou trabalhando e me concentrar por completo no trabalho quando estou. Isso me permite não levar os problemas para a cama à noite. Eu durmo como uma pedra.

APRENDA A DIZER NÃO MESMO QUANDO DOER

O melhor poupador de tempo instantâneo que conheço é dizer não. As pessoas têm dificuldade de fazer isso, mesmo quando a resposta é óbvia. Elas têm medo de ofender alguém, de estarem limitando as suas apostas, ou simplesmente não querem tomar uma decisão naquele momento específico.

É muito fácil dizer não sem ser indelicado. Um não expresso com relutância ou arrependimento ou com uma desculpa verossímil ("Se eu não estivesse tão pressionado pelo tempo...", "Se eu soubesse disso há seis meses...") pode ser tão final e definitivo quanto um "não estou interessado". O maior problema é a relutância em ser definitivo, a sensação de que há uma chance, por mais remota que seja, de você estar perdendo uma oportunidade. Houve muitas ocasiões em que me encontrei nessa situação e me forcei a dizer não, mesmo quando doía.

Certa vez, fomos abordados para formatar um grande evento esportivo que já havia sido financiado. Mesmo sabendo que provavelmente conseguiríamos fazê-lo funcionar, senti que o custo em tempo e mão de obra era muito grande e recusei a proposta. Toda oportunidade deve ser considerada no contexto de outros compromissos; ocasionalmente, você perderá uma. Mas, se tentar farejar todas as oportunidades até ter certeza absoluta do que deve fazer, poderá levar à falência uma empresa inteira.

De longe, o maior problema que as pessoas têm em dizer não é que elas se convencem de que, ao ganharem tempo, estão economizando tempo. Se você está se sentindo sobrecarregado ou assediado, é muito mais fácil dizer "Deixe-me pensar a respeito" ou "Voltarei a falar com você" do que lidar com o problema e tirá-lo do caminho. Isso é especialmente tentador quando você já sabe que a resposta será negativa. É claro que tais situações não desaparecem do nada, e, ao não dedicar cinco minutos para lidar com o assunto no momento, você acabará gastando muito mais tempo com isso no futuro.

Eu já recebi muitos nãos e, na verdade, prefiro uma resposta negativa instantânea a um talvez excessivamente longo e arrastado. Em geral, isso acaba desperdiçando o meu tempo para, de qualquer maneira, levar à mesma conclusão.

Um não costuma ser melhor para todos. Economiza tempo de ambos os lados e proporciona uma sensação de satisfação — a constatação de que você não precisará lidar com aquilo novamente pode fazê-lo sentir que realmente realizou algo.

TOMADA DE DECISÕES

Alguém me disse certa vez que, quando a Ford Motor Company entrevista um candidato em nível gerencial, observa se ele coloca sal e pimenta na comida antes de prová-la. A teoria é que essa pessoa provavelmente tomará uma decisão antes de conhecer todos os fatos. Espero que isso não seja verdade. Primeiro, porque acho que não tem nada a ver com tomada de decisão — conheço alguns excelentes decisores que gostam muito de comida bem apimentada. Em segundo lugar, porque um dos maiores problemas que as pessoas têm com a tomada de decisão é o desejo de conhecer muitos fatos, acreditando que, se houver o bastante deles, a escolha será feita por conta própria.

As pessoas que eu mais respeito nos negócios são todas decisores instantâneos. Elas não precisam conhecer primeiro todos os fatos disponíveis. Elas aceitam que terão a sua parcela de decisões erradas e são autoconfiantes o bastante para saberem que, na maioria das vezes, tomarão a certa.

A reputação de ser um bom tomador de decisões costuma se basear tanto em quão rápida e definitivamente a pessoa se decide quanto nos resultados obtidos.

O fator intuição

Diante da pergunta mais simples, algumas empresas sempre respondem com a mesma resposta vazia: "Creio que temos alguns dados a esse respeito."

A tomada de decisão é um processo mais intuitivo do que analítico, e nenhum número de estudos de mercado, grupos focais ou relatórios de pesquisa mudará esse fato. O perigo é que, quanto mais dados as pessoas tiverem de processar, maior será a probabilidade de subestimar a importância do fator intuição.

Como observado antes no caso das vendas, o momento certo geralmente depende da conversão da percepção sensorial em ação consciente. A tomada de decisão segue o mesmo processo, mas em sentido oposto. Consiste em pegar dados analíticos, fatos e números e convertê-los em percepções sensoriais. Se você eliminar a necessidade de "sentir" uma decisão, não tomará decisões muito boas, ou simplesmente não as tomará.

Certa vez, ouvi uma história de um cientista da Universidade de Columbia que recebeu uma bolsa para estudar como as vibrações sonoras poderiam ser usadas para exterminar insetos. Em um experimento, ele treinou uma barata para saltar sobre um lápis ao comando "Pule!". Contudo, durante o experimento, a barata ficou presa em uma gaveta e, no esforço para se libertar, perdeu algumas patas. O cientista observou que, após o acidente, sempre que gritava o comando, a barata ficava parada. Em um relatório sobre as suas descobertas, ele concluiu: "A barata ficou tão traumatizada pela perda das patas que ficou surda."

Os fatos são as ferramentas de quem toma decisões, mas (1) não substituem a intuição; (2) não tomam a decisão por você; e (3) são tão úteis quanto a sua capacidade de interpretá-los. Algumas pessoas ignoram completamente os fatos ("Não confunda a minha mente com muitos detalhes"), mas um número muito maior os usa para justificar posições convenientes ou já consolidadas em vez daquelas que os fatos realmente apoiam. Obviamente, é difícil tomar boas decisões com base em conclusões ruins autogarantidas, autojustificadas ou egocêntricas.

Olhe ao redor dos fatos

O melhor uso dos fatos — dados de marketing, pesquisas, relatórios, o que as pessoas estão lhe dizendo — não é a sua interpretação literal, mas o que podem indicar. Um sinal de parada diz para parar, mas o que indica, na verdade, são padrões de tráfego conflitantes e certas consequências caso você os ignore.

Olhe ao redor dos fatos. O que os fatos indicam sobre tendências, preconceitos, conflitos, oportunidades?

Um tipo de tomador de decisão dirá "Não devemos fazer isso porque outras três pessoas já tentaram e falharam", mas um bom decisor descobrirá o que os três fizeram da mesma forma e o que os três deixaram de fazer da mesma forma antes de alcançarem o mesmo resultado.

Olhe para além dos fatos

As informações mais úteis para a tomada de decisão podem estar além dos fatos. Não deixe apenas o que você já sabe limitá-lo.

Por mais bem-sucedidos que tenhamos sido ao estabelecer uma base de renda para nossos clientes esportivos após a aposentadoria, há uma queda inevitável na receita, já que eles não estão mais competindo ativamente. Isso nos prejudica mais como empresa do que prejudica o próprio atleta. Por exemplo, um Bjorn Borg que decida se aposentar ainda pode viver tão bem com um milhão de dólares e royalties quanto vivia com os 5 milhões que ganhava anualmente como profissional ativo do tênis. Porém, como uma empresa que precisa arcar com despesas gerais constantes, a perda de 80% de nossa receita em comissões pode ser significativa. Isso coloca uma pressão constante sobre nós, que estamos sempre procurando o "próximo Borg", mesmo quando não há nenhum por aí.

Há vários anos, ao lidar com esse problema, cheguei à conclusão de que essa era a natureza específica de nossos negócios e que precisava ser contabilizada como qualquer outra coisa. Contudo, ao chegar a essa conclusão, minha mente não estava mais constrangida pelos fatos óbvios, e uma solução totalmente diferente, fora dos fatos, me ocorreu. A resposta foi representar uma mistura tanto de personalidades quanto de entidades esportivas. Isso levou à criação e ao licenciamento do logotipo de Wimbledon, até hoje um de nossos programas de licenciamento mais bem-sucedidos e certamente um dos mais estáveis. Wimbledon não se aposenta e não precisa vencer torneios para manter a sua visibilidade. Isso nos deu uma fonte de renda estável e previsível para equilibrar as áreas mais voláteis da representação de atletas.

A boa tomada de decisões corporativas é um processo constante de manter-se atualizado, perceber como as novas informações podem alterar as decisões antigas e antever o futuro.

Tomada de decisão elefantina

Um circo impede que um bebê elefante fuja acorrentando-o a uma estaca. Quando o animal puxa a corrente, o grilhão fere a sua perna, e o bebê elefante conclui que, para evitar a dor, é melhor ficar parado.

Contudo, quando o elefante cresce, o circo ainda o acorrenta à mesma pequena estaca. Adulto, o elefante poderia arrancar a estaca do chão como se fosse um palito de dente, mas ele se lembra da dor e é burro demais para usar o novo conjunto de fatos — como as circunstâncias mudaram. A pequena estaca é capaz de prender um elefante de duas toneladas tão eficazmente quanto prendeu um bebê.

Muitos executivos dependem demais de fatos antigos, de convenções obsoletas, ou ainda baseiam as suas decisões no que funcionou há vinte anos. Isso é a tomada de decisão elefantina.

Siga as primeiras impressões, mas...

Quase sempre sigo as primeiras impressões, mas deixo que elas se acomodem por algum tempo. As decisões são — e devem ser — parcialmente emocionais, mas é útil manter as suas opções em aberto por, no mínimo, uma noite: haveria considerações óbvias que não foram levadas em conta? Se nada me ocorrer nas primeiras 24 horas, é pouco provável que me ocorrerá — ou, quando ocorrer, será tarde demais de qualquer maneira.

Boas decisões são autorrealizáveis

Se você começar de imediato a duvidar de uma decisão que tomou, provavelmente esta se revelará uma má decisão, não porque foi a decisão errada, mas porque você sabotou a sua chance de sucesso. Muitas decisões questionáveis funcionam porque as pessoas que as tomaram estavam determinadas a fazê-las funcionar, e muitas boas decisões falham porque as pessoas que as tomaram nunca superaram as suas dúvidas.

Quando decidi, pela primeira vez, que criaríamos e comercializaríamos um logotipo de Wimbledon, encontrei todo tipo de resistência de pessoas em nossa empresa que estariam envolvidas no esforço. Primeiro, Wimbledon já existia havia quase um século; se essa era uma boa ideia, por que alguém nunca a tivera antes? Em segundo lugar, havia muitas evidências de que as pessoas se identificariam com um Borg, um Palmer ou um estilista, mas não usariam o nome de um torneio de tênis em suas camisetas. Por último, a resistência mais prejudicial: estávamos começando. Mais de 25 empresas em todo o mundo já usavam o nome Wimbledon genericamente em seus produtos. Nosso departamento jurídico duvidava que pudéssemos limpar o mercado e muito menos criar um.

Mas eu acreditava que um logotipo de Wimbledon deveria funcionar e que éramos os únicos capazes de fazê-lo funcionar. Se eu estivesse menos convencido disso ou simplesmente estivesse procurando si-

204 | ISSO VOCÊ NÃO APRENDE EM HARVARD

nais que me provassem o contrário, tenho certeza de que Wimbledon continuaria sendo um nome genérico, disponível para quem quisesse usá-lo.

Jogue cara ou coroa

Muitas vezes, você já tomou uma decisão antes de perceber — mesmo que ainda esteja tentando lidar com a ideia.

Em vez de discutir os prós e os contras, tente o seguinte: jogue cara ou coroa. Se for cara, você segue em frente; se for coroa, não segue. Agora, como você se sente com o resultado? Você pode se surpreender ao descobrir que sua reação emocional resolve o problema para você — confirma o que você já sabe inconscientemente.

COMUNICAÇÃO NO ESCRITÓRIO

Acredito que a rapidez com que as coisas são feitas no escritório e com que as informações são trocadas é mais uma questão de estilo do que de sistemas. Como já disse, prefiro trocas de informação rápidas e informais à atmosfera de reuniões mais formais e, portanto, mais demoradas. Prefiro visitar os escritórios de outras pessoas a fazê-las vir até o meu (é muito mais fácil sair do escritório de outra pessoa do que tirar outra pessoa do seu escritório). Prefiro puxar alguém no corredor ou perguntar algo por telefone a marcar compromissos formais, que podem levar um mínimo de cinco minutos para obter vinte segundos de informações. Em geral, acho que recolho 90% das informações pertinentes de que preciso nesses encontros rápidos e informais.

É muito mais provável que eu peça aos nossos executivos um resumo ou boletim sobre um assunto específico do que um relatório formal. Ao visitar um de nossos escritórios, muitas vezes reservo os dez ou quinze minutos finais da viagem para isso. Antes de sair, converso com várias pessoas, seja para lhes dizer ou para ouvir algo breve. Creio que isso me mantém atualizado sobre diversas situações ao redor do mundo mais do que quase qualquer outra coisa que eu faça.

Essas trocas rápidas e informais tendem a fluir pela organização como um estilo de comunicação. Os funcionários costumam adotar os hábitos e os jeitos de seus gerentes, e um dos mais comuns é a maneira como as informações são trocadas. Se um gerente é bom em trocar informações rapidamente, a maioria dos seus funcionários também serão bons nisso. Se o estilo dele é enfadonho, se ele tende a reafirmar o óbvio ou a levar mais tempo do que o necessário para dizer o que precisa ser dito, todo o seu departamento será do mesmo jeito. O estilo pessoal de um gerente — quão bom ele é na troca de informações — contribui mais para a eficiência de um departamento do que os resultados de qualquer brilhantismo estrutural ou organizacional.

ESCREVER OU NÃO ESCREVER

Se houver motivo para escrever algo — anotar para o futuro, confirmar um entendimento, registrar um conjunto complexo de fatos ou números —, escreva. Outra boa razão para tanto seria garantir ou declarar a sua posição, porque você suspeita que será questionado. Porém, se não houver motivos especiais, pergunte-se se a comunicação verbal não seria melhor, mais simples e mais eficaz.

A coisa mais importante a ser lembrada sobre a comunicação escrita é que gera mais trabalho do que apenas o seu tempo para escrever e o da outra pessoa para ler aquilo.

Bob Anderson, presidente da Rockwell International, certa vez me disse que, se um diretor externo tiver algo a lhe dizer, ele quase sempre prefere ouvi-lo verbalmente. Se a comunicação for por escrito, todo tipo de possibilidades surgirá e deverá ser considerada. Como aquilo deve ser respondido? O que o remetente realmente estava tentando dizer? Existem implicações legais ou impactos quanto à Securities and Exchange Commission (SEC)? É uma recomendação ou uma ameaça?

O mesmo se aplica à maioria das comunicações por escrito entre departamentos e executivos. Registrar palavras no papel significa que certas consequências devem ser consideradas. Também pode significar ter de considerar consequências que seria melhor não considerar. Uma boa regra geral é escrever apenas nas circunstâncias mencionadas anteriormente.

Há algumas regras óbvias simples que devem ser seguidas para os comunicados internos:

206 | ISSO VOCÊ NÃO APRENDE EM HARVARD

- Comece sempre com "De", "Para", a data e o assunto.
- Seja objetivo. Um memorando de uma linha tem mais impacto do que um memorando de duas linhas e assim por diante. Não dê voltas ou faça suspense para chegar ao assunto. Não há prêmios literários para o Grande Memorando Americano.
- Mantenha a simplicidade. Os memorandos devem ser usados para transmitir informações, não para discuti-las. Se for um problema complicado, algum tipo de comunicação interativa — uma discussão cara a cara ou uma ligação telefônica — seria mais apropriado. Os comunicados de posição ou de opinião geralmente podem levar a guerras de memorandos.
- Não envie nenhum tipo de memorando controverso sem antes aguardar 24 horas. Os "memorandos de resposta" (a primeira fuzilaria da guerra de memorandos) geralmente se enquadram nessa categoria. Você pode viver com esse fantasma por vários anos após o envio.
- Comunicados de arquivo são úteis, pois registram detalhes que você pode vir a esquecer e não exigem resposta. Os fatos neles têm muito mais credibilidade do que os mesmos fatos lembrados semanas, meses ou anos depois.

Há um último ponto que quero destacar sobre a papelada em geral e os comunicados em específico. Tento escrever memorandos que podem ser lidos uma vez e depois jogados no lixo. É isso que faço com a maioria da correspondência que recebo, seja ou não escrita dessa forma. Além de eliminar algo de minha lista de afazeres, nada me dá mais prazer do que arquivar papéis em minha cesta de lixo, e calculo que esse é o destino de 95% da papelada que recebo. Ao longo dos anos, houve várias ocasiões em que joguei algo fora e, mais tarde, desejei não ter jogado, mas acredito que este seja um preço pequeno a pagar para nunca ter de voltar a ver o resto da papelada.

Isso me lembra de uma história sobre Lew Wasserman e suas famosas incursões à lixeira à meia-noite na MCA. Talvez a história seja falsa, mas já a ouvi ser repetida o bastante para que, mesmo que não seja verdadeira, é como se fosse. Supostamente, Wasserman vasculhava os escritórios da MCA ao fim da noite e jogava a papelada que encontrava na mesa de alguém na lixeira. No dia seguinte, os executivos ofendidos seriam informados: "Se você não consegue fazer isso antes de ir embora, não vale a pena fazer."

Obviamente, essa era a maneira de Wasserman conscientizar certos funcionários de como eles estavam usando o próprio tempo, e não uma lição a ser entendida literalmente. Ainda assim, várias pessoas que se encontravam comigo ao fim do dia brincaram: "Mark, você não deve andar muito ocupado. Não há um único pedaço de papel sobre a sua mesa."

ARRUME O SEU ESCRITÓRIO

Acredito que a aparência de um escritório — quão limpo, arrumado e organizado ele é — pode ter um efeito profundo na rapidez com que as coisas são feitas.

Quando você entra em um escritório que parece desorganizado, você começa a se sentir desorganizado. Em várias ocasiões, pedimos aos funcionários do escritório que mantivessem a sua mesa limpa — guardando os papéis dentro de arquivos, mesmo que seja apenas para escondê-los — e almoçassem no espaço próprio para isso, não na mesa de trabalho.

A resposta frequente a tais pedidos é que estamos sendo mesquinhos e implicantes. Obviamente, se eu considerasse isso menos importante, não insistiria no assunto, mas, para mim, a eficiência de um escritório é diretamente proporcional a quão eficiente ele parece. Já estive em escritórios que pareciam terem sido criados pelos Keystone Kops — centros de cópia a vários andares de distância dos departamentos que mais os utilizam; núcleos de digitação estabelecidos como departamentos separados, geralmente no mesmo andar dos departamentos de cobrança, contabilidade e outros serviços indiretos; sistemas de arquivamento a vários escritórios de distância dos escritórios aos quais pertenciam.

Geralmente, essas são coisas muito simples de corrigir. Se os especialistas em eficiência gastassem mais tempo movendo móveis e menos tempo analisando sistemas, talvez muitas empresas descobrissem que estavam produzindo muito mais.

14
SOMENTE PARA EMPREENDEDORES

Uma das mudanças culturais mais dramáticas dos últimos trinta anos foi uma redefinição do Grande Sonho Americano. As pessoas não se contentam mais em trabalhar para ter dois carros na garagem e uma casa no distrito escolar ideal. Hoje, o gozo do trabalho em si pode ser ainda mais importante do que o gozo de suas recompensas tangíveis.

Muitas pessoas estão convencidas de que jamais terão total satisfação profissional trabalhando para outra pessoa. Dada a escolha de se tornarem presidentes da empresa em que trabalham ou proprietárias da própria pequena empresa, elas optariam por essa última alternativa. Iniciar um negócio tornou-se o novo Grande Sonho Americano.

Como alguém que começou o próprio negócio, posso garantir que isso é tão bom quanto imaginam ser. No entanto, como John Mack Carter, editor-chefe da revista *Good Housekeeping*, me disse certa vez: "99% das pessoas no mundo deveriam trabalhar para alguém." Tendo a concordar com ele, e é por isso que o capítulo sobre como iniciar o próprio negócio aparece no final deste livro, e não no começo.

Se todo mundo que pensa em começar um negócio realmente fizesse isso, a nação inteira seria autônoma. Mas a maioria das pessoas prefere criar fantasias a respeito disso do que tentar fazer acontecer. Seu primeiro passo é examinar os seus motivos e determinar se é um sonhador ou se faz parte do 1%.

Se você quer ter o seu próprio negócio porque está "cansado de gente lhe dizendo o que fazer", porque deseja mais "liberdade" ou porque não é valorizado, esqueça. Essas não são razões para iniciar um negócio, e sim para sair de seu emprego atual. Se você deseja "ganhar muito dinheiro", também não é um ótimo motivo. Esse é um bom objetivo, mas, como motivação principal, não será suficiente para você enfrentar os anos de vacas magras.

Antes de abrir a nossa empresa, eu era advogado de uma prestigiada firma de Cleveland, mas sabia que não queria passar o resto da vida praticando direito corporativo. Eu adorava negociar contratos, não redigi-los, e a segurança do salário não era suficiente para me manter na empresa. Eu era cauteloso e apreensivo quanto a isso, mas a ideia de desperdiçar meu tempo e minha energia construindo uma carreira da qual não gostava era ainda mais intimidadora. Eu não podia me dar ao luxo de não tentar aquele novo empreendimento.

Acredito que esta seja ao menos uma parte da motivação da maioria das pessoas que abrem com sucesso um novo negócio: um sentimento de que, se nunca tentassem, se arrependeriam para sempre. É o que lhes dá o estímulo de sair pela porta da frente, cortar o cordão umbilical e seguir adiante, mesmo quando tudo o mais lhes dá vontade de voltar atrás. Começar um negócio é um compromisso financeiro e profissional. Mais ainda, é um compromisso emocional.

Eu tenho um amigo que, anos atrás, iniciou o que viria a se tornar uma confecção muito bem-sucedida. Ele me disse certa vez que, caso soubesse como seriam os primeiros dois anos, nunca teria tentado. Nunca passamos grandes dificuldades, mas eu me identifiquei com o que ele estava dizendo. Ao abrir um novo negócio, há tantos momentos em que os aspectos negativos superam os positivos que qualquer sentimento de satisfação é uma compensação muito pequena. Há momentos em que somente o compromisso emocional o faz seguir em frente.

FAÇA PERGUNTAS DIFÍCEIS

Começar um novo negócio não é a hora de enganar a si mesmo, mas é bastante tentador ficar preso a suas anotações, seus planos de negócios e suas perspectivas, namorando as próprias palavras e cifras. Você deve ser capaz de "definir o seu negócio" de forma clara e sucinta. É uma ideia "difícil" (um novo produto ou um que preencherá um vazio claramente definido) ou uma ideia mais fácil (certos serviços de consultoria, uma indústria já consolidada ou uma ideia comum)? O perigo, no início, é que tudo ainda é ficção, e essa ficção pode bloquear a sua capacidade de fazer as perguntas certas e fornecer as respostas necessárias.

Quais são as suas conexões?

Como a ideia se conecta ao mercado, ao tempo e, por fim, às pessoas que terão de comprá-la? Qual é a vantagem que você tem sobre a concorrência existente?

Vi muitas novas empresas de consultoria fracassarem porque, para começo de conversa, a ideia não era muito boa. De fato, eu me surpreendo com a frequência com que as pessoas pensam que alguém pagará por sua experiência quando esta não é essencial e quando você não tem histórias monumentais de sucesso pessoal para convencer os seus possíveis clientes.

Se eu estivesse abrindo a IMG hoje da mesma forma que fiz em 1960, não tenho tanta certeza de que a coisa funcionaria e estou certo de que não teria funcionado do modo como funcionou. Arnold Palmer era a pessoa certa a representar em uma época em que o golfe crescia exponencialmente. Uma década depois, com nossa representação de Laver, Newcombe e Borg, conseguimos repetir esse sucesso no tênis e, mais dez anos depois, tivemos as mesmas condições na corrida, embora ainda não tenha surgido nenhuma estrela estratosférica nesse esporte. No entanto, nos dois primeiros casos — golfe e tênis —, embora haja um mercado principal considerável, houve um achatamento da curva de crescimento.

Se eu fosse forçado a repetir o sucesso inicial da IMG hoje, teria de esperar que ocorresse a combinação de certos fatores — as conexões —, um novo esporte individual emergente com aparente potencial de grande crescimento, e um astro que incorporasse a essência desse esporte.

Por que não funcionaria?

Quais são os problemas imediatos que provavelmente serão encontrados? Tais problemas são insuperáveis? Se não são, como resolvê-los?

O que me leva a crer que possa fazer isso funcionar?

Os novos negócios com maior probabilidade de sucesso são aqueles que têm alguma relação com o que você já está fazendo para outra pessoa. No meu caso, a IMG não era tanto um novo negócio, mas uma extensão do que eu já estava fazendo para uma firma de advocacia.

Há vários anos, um amigo abriu um negócio de reprodução de fotos muito bem-sucedido, que mais tarde começou a franquear. Um de seus franqueados, com formação em litografia e design, estava com problemas. Depois de se encontrar com ele na tentativa de resolver o problema, meu amigo me disse: "Só porque o nosso produto tem o dobro da qualidade pela metade do preço de nossos concorrentes, ele achou que não precisava sair para *vendê-lo*. Quando destaquei isso para ele, ele me disse: 'Ah, mas eu não sou *vendedor*.'"

O sonho de abrir um restaurante, uma frequente fantasia de novo negócio e um projeto com uma das mais altas taxas de mortalidade, é um exemplo de por que as empresas falham devido às habilidades erradas dos fundadores. Um restaurante é um negócio de margem de lucros que exige comprar com esperteza e ter aptidão para lidar com números. A pessoa também deve ser naturalmente sociável, gostar de pessoas e de trabalhar por longas horas.

No entanto, conheci diversas pessoas que pensaram em abrir um restaurante porque queriam "fazer algo diferente", e a sua única qualificação era ser bom cozinheiro ou gostar de comer.

O que é quociente de "viabilidade"?

Certa vez, foi-nos apresentada a proposta de uma Corrida Aérea Mundial para coincidir com as Olimpíadas de 1984. O investimento inicial era de cerca de 3 milhões de dólares e já fora parcialmente financiado. O conceito era bastante detalhado e bem-apresentado. O único problema era que a execução exigia a cooperação de metade das forças aéreas do mundo e um número igual de permissões para uso de espaço aéreo.

Não é preciso dizer que a "viabilidade" desse projeto era absurdamente baixa. Uma boa ideia que exija despesas razoáveis ainda pode ser errada porque é quase impossível de realizar ou, mesmo que possa ser realizada, porque o tempo necessário para executá-la é muito alto. Projetos assim podem fazê-lo trabalhar por 50 centavos por hora.

COMECE PEQUENO E MANTENHA A SIMPLICIDADE

Muitos novos empreendedores estão preocupados com todo o dinheiro que vão ganhar em vez de como vão ganhá-lo. Estabeleça metas realistas, com etapas realistas — ações discretas e "viáveis", cada uma conectada à seguinte em uma progressão lógica.

A certa altura, você precisará superar obstáculos. Mas não apenas "faça isso" até ter uma boa ideia do que fará a seguir. Se você não conseguir chegar lá a partir daqui em um número de etapas muito específicas, provavelmente ainda não tem um negócio.

Acredito firmemente que, quanto mais capital inicial um novo negócio exigir, menos chances tem de decolar. Sou suspeito para falar, é claro, tendo iniciado o meu negócio com um capital inferior a 500 dólares. Também estou ciente de que existe toda uma indústria de capitalistas de risco que não faz outra coisa além de financiar novos negócios, mas a mera existência dessa indústria criou uma espécie de mito empresarial — o de que todas essas pessoas estão esperando a oportunidade de lhe dar dinheiro e você apenas ainda não conheceu nenhuma delas. Se você chegar a conhecê-las, provavelmente verá que não estão tão ansiosas para investir o próprio capital quanto você imaginava ou, se estiverem, que desejarão extrair uma grande parte do negócio em troca de confiança.

Muitas empresas novas nunca decolam, não porque sejam más ideias ou porque as pessoas estavam enganadas, mas porque os esforços de captação de recursos falharam. No entanto, acredito que muitos desses novos empreendimentos, na verdade, não exigiam o capital que seus participantes se convenceram de que precisavam. Se estivessem dispostos a começar pequeno, a recuar alguns passos e partir de mais atrás, poderiam ter dado a si mesmos uma chance maior.

Não há como exagerar a importância de começar pequeno e ser simples. Quando comecei, teria sido muito fácil me convencer de que aquilo simplesmente não poderia ser realizado com menos que um milhão de dólares. Como eu poderia representar as três principais estrelas do golfe, um esporte em franca expansão, sem uma equipe de sete ou oito pessoas e ao menos uma presença simbólica na Inglaterra e no Japão? É verdade que um milhão de dólares teria sido útil e muito bem-vindo. Mas não era necessário.

Muitas das grandes histórias americanas de sucesso têm origens humildes. Se você está vendendo um serviço, uma habilidade ou um conhecimento, do que mais você precisa além de uma mesa e um telefone?

SEJA FLEXÍVEL

Assim como é essencial saber em que negócio você atua, é igualmente importante estar ciente dos novos negócios em que você *pode estar* — de novas direções e outras oportunidades que se apresentem no decorrer da atividade de sua empresa.

Se você estiver sintonizado e for flexível o bastante, perceberá que o seu negócio original é o rabo e o novo negócio que este sugere é o cachorro. Eu tenho um conhecido cujo negócio é dar palestras para empresas sobre técnicas eficazes de redação. Ele descobriu que muitas empresas ficaram tão impressionadas com o seu curso que estavam dispostas a pagar o que ele pedisse para escrever os seus folhetos corporativos. Isso se tornou um negócio muito mais lucrativo para ele do que as palestras.

Como já mencionei, novas divisões em nossa empresa surgiram de nossa flexibilidade — o exemplo mais óbvio é a nossa divisão de consultoria de marketing. Ao vender os serviços de nossos clientes a várias empresas, descobrimos que, muitas vezes, as nossas ideias sobre como esses clientes deviam ser utilizados (como posicionar um atleta em particular, que tipo de campanha estruturar etc.) são tão valiosas quanto os próprios serviços individuais.

COMPARTILHE O SEU SUCESSO

Em qualquer empresa, nova ou não, a ideia é ganhar mais do que você gasta, mas isso é mais dolorosamente óbvio ao administrar uma nova e pequena operação.

Pague o mínimo possível aos seus funcionários e venda-lhes a si mesmo, a sua visão, o futuro que podem vir a ter e a promessa de que, à medida que a empresa crescer e se tornar bem-sucedida, eles ganharão mais do que jamais poderiam ganhar em outros lugares. Acho que não há nada de errado nisso, desde que você mantenha a sua parte do acordo.

Se alguém que trabalha para você faz uma contribuição substancial à empresa, essa pessoa tem direito a bem mais do que a satisfação de fazer um trabalho bem feito. Nos negócios, a renda de alguém funciona como uma tabela de pontos. Embora a lucratividade geral da empresa deva ser levada em consideração, isso será muito menos importante para o executivo do que é para você. Venha essa prova financeira tangível na forma de um aumento, um bônus ou vantagens adicionais, é importante que as pessoas sintam que estão participando direta e proporcionalmente às suas contribuições para a empresa.

DOBRE O CÁLCULO DE DESPESAS GERAIS

Há vários anos, perguntei a um amigo que estava iniciando um novo negócio quanto ele calculava que seriam as suas despesas gerais no primeiro ano. Ele estava começando a passos lentos e financiando a si mesmo e respondeu que somariam por volta de 75 mil dólares. Na época, eu o aconselhei a dobrar esse valor.

Ao iniciar uma nova operação, as pessoas não costumam considerar todos os custos ocultos. Provavelmente isso decorre de um excesso de zelo subconsciente para fazer os números funcionarem (ou, ao menos, para torná-los palatáveis). De qualquer modo, é fácil esquecer os impostos retidos na fonte e as taxas de previdência social quando você está acostumado a tê-los deduzidos automaticamente de seu salário. Canetas e lápis não custam muito, mas abastecer um escritório por um ano — mesmo que seja pequeno — pesa no orçamento. A maioria das empresas exige algumas viagens e entretenimento, o que custa caro. Serviços públicos são extremamente fáceis de serem subestimados. No ano passado, apenas a nossa conta telefônica passou de um milhão de dólares. Ao longo dos anos, descobri que, se você dobrar as despesas operacionais que incluiu originalmente no orçamento, terá um valor projetado até que preciso.

Um dia, encontrei o amigo a quem dera o conselho. Ele me disse que, na época, como eu sabia muito pouco a respeito de sua operação inicial — quanto custariam o seu aluguel e pessoal e daí por diante —, achou que eu fora muito arrogante ao dizer aquilo. "Porém, quando fechei o balanço ao fim do primeiro ano", disse-me ele, "o total foi de quase exatamente 149 mil dólares."

Dobre, mas não triplique

Muitas pessoas que desejam abrir um novo negócio, mas que nunca conseguem começar com o pé direito, convenceram-se de que é apenas uma questão de esperar até economizarem dinheiro suficiente.

SOMENTE PARA EMPREENDEDORES | 215

Para essas pessoas, 10 milhões de dólares seriam menos do que precisam. Nenhuma quantia em dinheiro no banco compensará a perda de segurança que acompanha a perda de um salário.

Ao elaborar o seu plano de negócios, se você se permitir estipular a quantia máxima possível em todas as colunas de despesas, seu plano provavelmente nunca passará de um exercício mental.

RENDA PRIMEIRO, ORGANIZAÇÃO DEPOIS

Uma boa organização é essencial para qualquer operação bem-sucedida, mas há algo de absurdo em uma empresa totalmente nova que ostente um plano impressionante de cinco anos antes mesmo de ganhar o seu primeiro dólar. Uma coisa é saber para onde você está indo (ou para onde quer ir), outra é praticar o planejamento colocando a carroça na frente dos bois.

ESTIMATIVAS *VERSUS* VIDA REAL

Eu ficaria muito feliz se nunca mais visse uma estimativa na vida. Os únicos que acabam acreditando nelas são as pessoas que as escreveram. A grande maioria das que me foram mostradas ou que fui convidado a financiar revela uma perspectiva de tempo distorcida. É incrível quantas pessoas esquecem de considerar a importância do fluxo de caixa no planejamento do primeiro ano. Se a primeira venda for realizada durante a primeira semana de negócios, muitas vezes os rendimentos dessa venda só serão coletados noventa dias depois, o mesmo ocorrendo na segunda e na terceira vendas. O resultado disso é que, obviamente, o valor inicial necessário para o negócio é, na verdade, um múltiplo do que foi projetado no papel.

Também é incrível o quanto as pessoas são descaradamente óbvias ao forjar os seus números. Permitir uma margem de erro razoável é uma coisa, supor que a pessoa que lerá aquilo é idiota é outra completamente diferente. Já vi propostas de ideias de negócios que achei que até tinham mérito, mas que me decepcionaram tanto com os números de receita e despesas projetados que perdi a fé nas pessoas que fizeram a proposta. Suspeito que essas pessoas não acreditavam nos negócios sugeridos e estavam apenas tentando convencer alguém a financiar uma grande conta de despesas.

216 | ISSO VOCÊ NÃO APRENDE EM HARVARD

Também já vi estimativas nas quais sabia que o autor contabilizara para si mesmo um salário maior do que o que estava ganhando como empregado. Não acho que pedir que alguém financie uma proposta de 2 milhões de dólares é uma forma muito eficaz de conseguir um aumento de 50 mil dólares. Eu tenho certeza de que não quero ser a pessoa que dará isso para ele.

MOVIMENTO *VERSUS* REALIZAÇÃO

Ser autônomo é a forma mais pura de capitalismo e a melhor que conheço de ganhar o que você realmente vale como profissional. Também exige uma mentalidade diferente, incluindo a consciência de que o número de horas que você dedica para aquilo só é significativo dependendo do que você faz com essas horas.

Os empreendedores mais bem-sucedidos passam 24 horas por dia trabalhando ou pensando em seus negócios. Mas é como eles preenchem tais horas que determina a diferença entre fracasso e sucesso. O clichê é: "Não trabalhe duro, trabalhe de maneira inteligente." A verdade é: "Trabalhe duro, trabalhe muito e trabalhe de maneira inteligente."

Pelo lado positivo, no começo, quando você não precisa lidar com reuniões, memorandos e todos os demais tomadores de tempo, pode adicionar umas quatro ou cinco horas a cada dia de trabalho. Mas, se não gastá-las produtivamente, não só a diferença será "deduzida de seu salário", como terá sido um desperdício de tempo.

NÃO TENHA SÓCIOS

Poucas pessoas olham com o cuidado que deveriam para os motivos de terem um sócio. Muitas vezes, é uma garantia de segurança nos números, pois é reconfortante saber que a conta não parará necessariamente em sua mesa. No entanto, é provável que os problemas de qualquer sociedade sejam muito maiores do que o grau de segurança que tal sociedade fornece.

É claro que há situações em que os pontos fortes e fracos de cada sócio são bem equilibrados e a empresa se beneficia disso, mas as chances são muito maiores de que a própria parceria se torne o pior inimigo da empresa, no mínimo limitando a sua flexibilidade. Provavelmente não é um acidente que alguns dos maiores sucessos empresariais tenham sido atos individuais.

NÃO TOME PARTICIPAÇÃO MINORITÁRIA

Para mim, participação minoritária em uma empresa privada é algo financeiramente inútil. Ter um "pedaço" do novo empreendimento de outra pessoa não é nada mais que acariciar o próprio ego, mas eu sempre quis saber o que exatamente eles acham que têm. Com participação minoritária em uma sociedade unipessoal, você não pode ler o *Wall Street Journal* e ver o quanto você vale; você não pode ir ao banco e comprometer a sua participação para garantir um empréstimo para comprar uma casa nova. Você não pode nem vender essa participação facilmente, porque essa venda será restringida pelo principal acionista ou você descobrirá que ninguém pagará nada perto da faixa que *você* considera que valha a sua participação.

Em muitas ocasiões, tiramos vantagem das ideias equivocadas sobre participação minoritária. Quando oferecem aos nossos clientes participação em um novo empreendimento, eu sempre insisto em taxas adicionais a essa participação ou ao menos em uma posição garantida de resgate a qualquer momento, a critério de nosso cliente.

MEDO DO FRACASSO

O medo do fracasso é, no mínimo, tão comum quanto o desejo de sucesso. De fato, se for aproveitado adequadamente, pode ser a energia que faz a roda girar. Para muitas pessoas, entretanto, esse medo se torna debilitante.

Aprender a usar o medo em vez de deixar que ele o use obviamente não é um problema exclusivo dos empreendedores, mas de qualquer pessoa envolvida nos negócios. Portanto, parece um assunto apropriado para terminar este livro.

No início do verão de 1976, o atleta olímpico francês Guy Drut encontrava-se em uma posição nada invejável. Ele era a única esperança da França por uma medalha no atletismo, e o fardo de carregar o orgulho do país nos ombros o estava abatendo. Mais tarde, Drut me disse que, antes dos jogos, conversara diversas vezes com nosso cliente de longa data, Jean-Claude Killy, e que realmente achava que devia parte de sua medalha de ouro para Killy. Ele explicou o seguinte: "Jean-Claude me disse que eu era o único que sabia como levar o meu corpo e a minha mente ao limite máximo para os Jogos Olímpicos. Então, ele me disse que, depois que eu fizesse isso, eu deveria continuar repetindo para mim mesmo: 'Fiz tudo o que pude para me preparar para esta corrida, e, se eu ganhar, tudo será ótimo, mas, se eu perder, meus amigos ainda serão meus amigos, meus inimigos ainda serão meus inimigos e o mundo ainda será o mesmo.' Repeti essa frase na minha cabeça antes das eliminatórias e durante o intervalo entre as semifinais e as finais. Eu ficava repetindo diversas vezes e bloqueava todo o resto. Eu ainda a repetia quando subi ao pódio para receber a minha medalha de ouro."

Epílogo

O JOGO INTERIOR DOS NEGÓCIOS

Quando terminei de escrever este livro, entreguei o manuscrito a vários parceiros de negócios. A resposta de alguns deles me deixou com uma preocupação persistente. Vários me disseram, como uma brincadeira com fundo de verdade, que gostaram do livro "porque eu já estou fazendo a maioria das coisas que você recomenda". Embora isso pretendesse ser um elogio, acho que eles estavam passando por cima daquelas seções em que as suas próprias práticas de negócios poderiam ser melhoradas. A pior coisa que este livro pode fazer para quem o lê é gerar qualquer tipo de satisfação pessoal ou complacência. Essas são as forças mais sinistras dos negócios e, sozinhas, são poderosas o bastante para inibir o avanço ou o sucesso na carreira.

Os negócios são uma competição, e qualquer competição sofisticada e de alto nível é quase exclusivamente um jogo mental. O Jogo Interior dos Negócios, como poderia ser chamado, consiste em entender o Paradoxo dos Negócios: quanto melhor você acha que está, maior deve ser o seu motivo de preocupação; quanto mais satisfeito você estiver com as suas realizações, suas conquistas passadas, seus acertos, menos você deveria estar.

Há muito tempo sou fascinado, tanto profissional quanto psicologicamente, por aquilo que forma um campeão. Com isso, refiro-me aos verdadeiros campeões, às lendas, o percentual superior que sempre domina o oponente, que atua em seu nível mais alto nos momentos mais cruciais e, a longo prazo, se distancia dos promissores e dos perdedores.

Certamente, as habilidades e uma grande confiança nessas habilidades fazem parte disso, mas não são os fatores determinantes. A maioria dos atletas, quando atinge o nível profissional, já é abençoada com uma abundância dessas duas coisas. A verdadeira vantagem do campeão existe apenas em sua mente, e, ao longo dos anos, observei três atitudes características comuns a todos os astros que já conheci.

220 | ISSO VOCÊ NÃO APRENDE EM HARVARD

Tais atitudes são tão aplicáveis nos negócios quanto na arena esportiva. Na verdade, adaptei-as à minha própria carreira comercial, e elas são a fonte da qual deriva a maior parte de minha motivação e determinação.

A primeira é o sentimento profundo de insatisfação dos campeões com as próprias realizações. Eles usam qualquer sucesso, qualquer vitória como um estímulo para uma ambição maior. Qualquer meta atingida imediatamente se torna o próximo passo em direção a uma meta maior e mais "inalcançável".

A segunda é a capacidade de obter o máximo de desempenho, de se superar em grandes torneios e eventos. Ninguém é capaz de operar em seu nível mais alto com consistência, mas as lendas de qualquer época do esporte sempre parecem ter o melhor desempenho quando há muito em jogo. Isso é verídico especialmente no tênis e no golfe, talvez os mais exigentes de todos os grandes esportes, motivo pelo qual os principais torneios de ambos sempre foram dominados por um punhado de jogadores.

Por fim, é a sua capacidade de superar os oponentes. Isso é chamado de "instinto assassino", mas diz mais sobre o resultado do que sobre o que está ocorrendo mentalmente. Na mente do campeão, ele nunca está à frente. Ele distorce a realidade para servir ao seu objetivo competitivo. Ele está sempre vindo de trás, mesmo quando o placar indica que ele está destruindo o oponente. Ele nunca acredita que está se saindo tão bem quanto realmente está.

Fiquei ciente disso há alguns anos, quando estava em Osaka, no Japão, assistindo a Arnold Palmer e Gary Player disputando uma partida amistosa. Quando eles fecharam os nove primeiros buracos, saí da sede do clube para me juntar a eles no nono *green*. Arnold estava se preparando para uma tacada de dez pés para fechar um *birdie*, e Gary, que terminara o buraco, se aproximara e estava parado ao meu lado com os braços cruzados. Embora fosse apenas uma amistosa, esses dois campeões estavam competindo para valer, e dava para sentir a intensidade.

Arnold acertou a tacada, e Gary, balançando a cabeça, voltou-se para mim e disse: "Ele está fazendo isso o dia inteiro. Eu não tenho como fazer uma tacada a menos, e, quando ele coloca a bola no *green*,

EPÍLOGO | 221

ela entra no buraco." Achei esse comentário um pouco curioso, porque, na realidade, o *birdie* de Arnold os deixara empatados.

Enquanto Arnold vinha em minha direção a caminho do décimo *tee*, pude ver que ele também estava chateado. "Bem, que diabos", disse ele, "finalmente fiz um *putt*". Então, apontando para Gary, acrescentou: "E aquele filho da mãe não perdeu nenhum."

Portanto, se este livro o deixou satisfeito com a sua perspicácia nos negócios... talvez você tenha muito o que recuperar.

AGRADECIMENTOS

Gostaria de agradecer a John Boswell por acreditar firmemente que aquilo que eu tenho a dizer pode ser útil para outras pessoas. Sem os seus conselhos, seu apoio e sua orientação — e as muitas horas diárias — este livro jamais teria sido escrito.

Também devo agradecer aos meus editores da Bantam Books, Linda Grey e Jeanne Bernkopf, e a Judy Stott, Patty Brown e Jane Williams por lidarem com a logística de escrever um livro de sete locais ao redor do mundo.

intrinseca.com.br

@intrinseca

editoraintrinseca

@intrinseca

@editoraintrinseca

editoraintrinseca

1ª edição	MAIO DE 2023
impressão	IMPRENSA DA FÉ
papel de miolo	PÓLEN NATURAL 80 G/M²
papel de capa	CARTÃO SUPREMO ALTA ALVURA 250 G/M²
tipografia	ADOBE CASLON PRO